新时代大学生社会主义核心价值观认同教育研究

XINSHIDAI DAXUESHENG SHEHUI ZHUYI HEXIN JIAZHIGUAN RENTONG JIAOYU YANJIU

汤菊平 著

湘潭大学出版社
XIANGTAN UNIVERSITY PRESS

目　录

第一章　新时代大学生社会主义核心价值观认同教育理论阐释

本章界定了价值和价值观、社会主义核心价值观、认同和认同教育的基本概念，梳理了大学生社会主义核心价值观认同的内涵和维度，并分析了大学生社会主义核心价值观认同教育的内涵和意义。

第一节　基本概念界定

1. 价值和价值观

现代西方流派凡有关价值的研究，多立足唯心主义。他们要么把价值视为一种“有效”概念，是主观的表达，要么认定价值是一种超现实的规范或理想，是上帝的创造物，世俗的人处在这一规范或理想之中。马克思主义关于价值的研究是我们正确认识和理解价值观的科学理论指导。马克思主义认为，价值本质上是事物及客体的性质和关系，价值的概念是从人们对待满足他们需要的外界物的关系中产生的。因为人对满足他的需要的外界物进行估价，从而“赋予它们以价值或使他们具有价值属性”[①]。马克思的这一观察揭示了主客体在价值层面的动态关系，具有方法论的意义。根据马克思主义，我们知道价值一方面离不开人和人的需要，一个没有人的世界也就是一个没有价值的世界。就好比听音乐，缺少感受美妙音乐的耳朵，再美妙的音乐“也毫无意义，不是对象”[②]；另一方面人主动去追求价值和实现价值，人们认识世界和改造世界的过程就是追求价值和实现价值的过程，在这一过程中，人“直观自身”，并证明自己是“类存在物”[③]。因之，价值意识是人认识社会和改造社会的引导。

价值观是人们对研究客体的价值的基本看法和总的观点。它是指人们在追求价值和实现价值的过程中，关于在价值层面“是什么、为什么、怎么样”三个维度的认识，在理想、信念、规范和标准等方面形成的一套相对稳定的观点和看法。或者说，价值观就是人们在社会生活中基于生存和发展的需要，对“有意义与无意义”“有用与无用”“好与不好”等的根本看法和评价尺度，是人所特有的“应该希望什么”和“应该避免什么”的规范性见解，表示主体对客体的一种态度。价值观既是人们看待周围事物的态度和观点的表征，又是评价周围事物的取舍标准。人类的生命活动本质上是一种有目的的社会实践活动，这一本质决定人类的一切活动都是在一定价值观的作用引导下进行的。一个国家、一个社会是在一套被社会成

① 马克思恩格斯全集（第19卷）［M］．北京：人民出版社1995年版，第409页．

② 马克思恩格斯文集（第1卷）［M］．北京：人民出版社2009年版，第191页．

③ 马克思恩格斯文集（第1卷）［M］．北京：人民出版社2009年版，第163页．

员普遍认同的价值观念的引导下方得以存续和发展的。因此，科学的、积极向上的价值观是推动人类认识和实践发展的前进动力。价值观念作为在价值认识基础上积淀而成的深层心理结构和理想信念，作为人们进行价值判断和选择、确立价值取向和追求的范型，对实践主体意在培养什么样的人、塑造什么样的社会、建设什么样的国家，皆有导向性乃至决定性意义。

2. 社会主义核心价值观

在一定社会形成的价值观体系中，也存在一个起统领和主导作用的核心观念，这就是核心价值观。核心价值观是一个社会中居统治地位、起支配作用的核心理念，是一种社会制度长期普遍遵循的相对稳定的根本价值准则，具有相对稳定性。核心价值观集中体现了一定社会形态的根本性质，在社会思想观念体系中居主导地位。在我们社会主义国家中，在意识形态领域居核心地位的社会主义核心价值观，应该与社会主义的经济基础与政治制度相适应，反映社会主义的本质特征与核心利益，体现社会主义社会特定的精神气质和道德力量。

在建设社会主义核心价值体系的基础上，党的十八大首次提出了“三个倡导”的社会主义核心价值观，即“倡导富强、民主、文明、和谐，倡导自由、平等、公正、法治，倡导爱国、敬业、诚信、友善，积极培育和践行社会主义核心价值观”。[①] 这是我国社会主义社会最核心和最本质的价值理念，是指导中国特色社会主义建设事业的根本价值目标、原则和尺度等。我国社会主义核心价值观的科学内涵，涵盖了国家层面

① 胡锦涛．坚定不移沿着中国特色社会主义道路前进 为全面建成小康社会而奋斗［M］．北京：人民出版社 2012 年版，第 30 页．

的价值理想、社会层面的价值取向和公民个体层面的价值规范。“三位一体”的结构形态与中华传统文化中“家国一体”的价值理念相融互通，与国家富强、民族振兴和个人幸福的“中国梦”协同一致，为实现中华民族伟大复兴提供了思想指引和行动指南。

“富强、民主、文明、和谐”是我国社会主义初级阶段的奋斗目标，也是践行社会主义核心价值观的最终目标，具有统领全局的作用。社会主义作为一种先进的生产关系和社会制度，极大地解放和发展了社会生产力，必将创造出比以往社会形态条件下更为发达的物质文明和高度的精神文明，为迈向共产主义社会奠定坚实基础。实现富强、民主、文明、和谐，反映了近代以来中国历史发展的根本要求。倡导富强、民主、文明、和谐，是改革开放新时期以来我们党的基本主张。在当代中国，实现国家昌盛、人民幸福和民族复兴，符合近代以来中国人民寻求民族复兴的共同愿景，昭示中国特色社会主义伟大事业的美好前景，始终是一个鼓舞人心、振奋精神的价值理想，是一个能够凝聚起亿万人民群众智慧和力量的宏伟目标。

“自由、平等、公正、法治”是对美好社会的生动表述，也是从社会层面对社会主义核心价值观基本理念的凝练。它反映了中国特色社会主义的基本属性，始终是我们党和国家奉行的核心价值理念。我们党是马克思主义政党，马克思主义追求的终极目标是人自由而全面的发展，我们党从成立之初就将其写在自己的旗帜上，并为之不懈奋斗，在实践上极大发展了人民的自由和平等，极大发展了社会的公正和法治。十八大以来，我们党的重要会议和重要文件，多次强调这一价值目标。可以说，我们党坚持科学发展，坚持以人为本，坚持执政为民，坚持依法治国，最终的目标都是服务人民，促进人的全面发展，践行自由、平等、公正、法治的崇高理念。

“爱国、敬业、诚信、友善”是中国这个社会主义国家的公民应当树立的基本价值追求和应当遵循的根本道德准则，是公民基本道德规范的核心要求，体现了社会主义价值追求和公民道德行为的本质属性。它涵盖了社会主义公民道德行为各个环节，贯穿了社会公德、职业道德、家庭美德、个人品德各方面，继承了中华民族传统美德、中国共产党人革命道德和社会主义新时期道德的精华，具有很强的全面性和系统性。

社会主义核心价值观所包含的都是社会主义最基本、最核心、最重要的价值理念。其中，富强、民主、文明、和谐体现了社会主义核心价值观在发展目标上的规定，是立足国家层面提出的要求；自由、平等、公正、法治体现了社会主义核心价值观在价值导向上的规定，是立足社会层面提出的要求；爱国、敬业、诚信、友善体现了社会主义核心价值观在道德准则上的规定，是立足公民个人层面提出的要求。这三个层次的理念相互联系、相互贯通，实现了政治理想、社会导向、行为准则的统一，实现了国家、集体、个人在价值目标上的统一，兼顾了国家、社会、个人三者的价值愿望和追求。进入新时代，习近平总书记多次阐释社会主义核心价值观，不断赋予社会主义核心价值观时代内涵，强调党“坚持以社会主义核心价值观引领文化建设，注重用社会主义先进文化、革命文化、中华优秀传统文化培根铸魂”①，指出“把社会主义核心价值观融入社会发展各方面，推动中华优秀传统文化创造性转化、创新性发展，不断提高人民思想觉悟、道德水平、文明素养，不断

① 中共中央关于党的百年奋斗重大成就和历史经验的决议［N］．人民日报，2021－11－17（01）．

铸就中华文化新辉煌”①。习近平总书记的讲话彰显了社会主义核心价值观的深刻意蕴和重大意义。

由价值观构成的统一体系被称为价值体系，由核心价值观构成的统一体系则被称为核心价值体系。具体来说，在一定社会中主客体之间基于实践而产生的需要和满足关系是一个内涵丰富的多层次价值体系，在这个体系中起统领和主导作用的就是其核心价值体系。核心价值体系作为一个社会的价值体系中最核心的部分，“处于价值体系的统摄和支配地位，是一个社会倡导和主导的价值体系，引领一个社会各种不同的价值取向、价值追求、价值尺度和价值原则沿着一定的方向发展。”②中国共产党在总结革命、建设、改革伟大实践基础上，在自觉探索马克思主义中国化的理论创新和实践发展中，构建出“社会主义核心价值体系”的基本内容和框架，即马克思主义指导思想、中国特色社会主义共同理想、以爱国主义为核心的民族精神和以改革创新为核心的时代精神、社会主义荣辱观，从理论指导、理想信念、精神支撑和道德规范等方面明确了全国各民族团结奋斗的力量源泉和精神纽带。党的十九大报告将“坚持社会主义核心价值体系”③ 纳入新时代中国特色社会主义必须坚持的十四个基本方略中。

社会主义核心价值观属于“观念范畴”，是对社会主义社会价值关系应然状态最核心、最根本的观点和看法；而社会主

---

① 习近平在纪念马克思诞辰200周年大会上的讲话［N］．人民日报，2018-05-05（02）．

② 耿步健．社会主义核心价值观与社会主义核心价值体系的辩证关系［J］．社会科学家，2014（02）．

③ 习近平．决胜全面建成小康社会 夺取新时代中国特色社会主义伟大胜利［M］．北京：人民出版社2017年版，第42页．

义核心价值体系属于“对象范畴”，是由意识形态领域中，事关社会主义前途命运的几个层面的核心价值所构成的有机统一体。前者是对“什么是社会主义”这一具有全局和目标性质问题的探讨与解答，是从国家、社会、公民三个层面对作为“价值观”的社会主义理论和实践内涵的深刻体认；后者是对“怎么建设社会主义”这一涉及手段和路径问题的思考与建构，从理论价值、理想价值、精神价值和道德价值等维度为人们进行社会主义现代化建设提供支撑。从这个意义上说，后者是前者的认识对象与实践基础。社会主义核心价值观是对决定社会主义根本性质、影响社会主义事业发展方向的核心价值体系，在理想、信念、规范和尺度等方面形成的最根本的思想观念和理论形态的总和。两者具有内在一致性，社会主义核心价值观是从精神观念入手，强调对社会主义的准确理解和把握，倾向于根本价值理念的建构；而社会主义核心价值体系则从外在性的体系入手，强调实践上的操作性，倾向于更加直观的结构和具体的内容。把握社会主义核心价值观的内涵以及与社会主义核心价值体系的关系，是开展本文研究的理论前提。

3. 认同和价值认同

“认同”最早属于心理学研究范畴，指的是个体对群体的归属感，是感情、心理层面不断趋同的过程。曼纽尔·卡斯特对“认同”有着深入研究，认为“它是在文化特质或相关的整套文化特质的基础上建构意义的过程，而这些文化特质是在意义的来源中占优先位置的。虽然认同也可以由支配的制度产生，但是只有在社会行动中将之内化，且将他们的意义环绕着这内化过程建构时，它才会成为认同”。① 自我认同与社会认同是认同的两个层面，在心理学中，认同通常与“自我”密切关联，比较注重自我认同，其本意是一个个体可以接纳另一个体，安东尼·吉登斯认为自我认同是“个体依据个人的经历所反思性地理解到的自我”②，个人的经历、对自我经历的反思，是其价值观的两个前提，具体包括归属感、幸福感及自我身份认同等。在个体层面上，认同即个人对自己所扮演的社会角色以及身份的确认与肯定，它是个人进行社会行为活动的动力保障。“认同”概念后被引入社会学、政治学等学科，用于解释个体与群体、一个群体与另一群体的联系、依赖、归属等状况，强调人们共识的重要性，及其对社会关系的影响。“认同”的内涵和外延因此更加丰富。

关于认同这一概念，从不同的角度去分析会有不同的理解。首先，从心理学角度说，认同的实质是一种对相互关系的界定，比如著名学者埃里克森把认同的实质视为对“我他关系”的一种界定，他主张用认同来判定个人或群体生活中产生的将其与周围社会环境相联系和区别的自我意识。其次，从社会学角度说，认同是社会生活中人们对于某一事物产生的一致看法及感情，并具有延续性的特点。再次，从集体主义层面来理解，认同的实质是一种集体意识，是一种能够将集体中的不同个体团结起来的内在凝聚力。在他看来，认同是一种“集体意识”，是将一个共同体中不同的个人团结起来的内在凝聚力，在不同的集体中，认同会表现出一定的差异性，也正

---

① ［美］曼纽尔·卡斯特著，夏铸九等译．认同的力量［M］．北京：社会科学文献出版社 2003 年版，第 2 页．

② ［英］安东尼·吉登斯著，赵旭东等译．现代性与自我认同［M］．北京：三联书店 1998 年版，第 275 页．

是这种差异才使得认同得以体现，这是一种辩证的关系。最后，从文化层面来理解，认同问题关涉到个体或族群安身立命的根本，它要解决的是如何确定自身身份的方向性定位问题。

“价值认同”是指通过相互交往，个体、组织在观念上对某一或某类价值的共享、认可，或者以特定的共同理想、信仰、标准、规范为追求目标，从而实现自己在社会生活中的价值选择与标尺，并形成共同的价值观，是社会成员主动接受、自觉遵循一定价值规范的一种态度及行为。其实质在于社会成员不断完善、发展，甚至转变自己的价值观念，符合、顺应社会价值规范的要求。对于价值认同，可从三个方面进行理解：第一，价值认同是指不同的个体或者共同体在相互交往过程中对某一事物的价值产生的观念上的认可和共享，具有定位和定向人们自身价值的功能。第二，价值认同的实质是一种自觉接受、自觉遵循的态度，具体表现为人在自我发展过程中根据周围环境的变化而对自身的价值结构进行调整来与社会价值规范相匹配。第三，价值认同可分为平面的认同和立体的认同两种，前者是指人类普遍追求的共同价值，后者是指在价值差异中追求具有核心地位的价值。对于后者，主导价值并不否认价值的差异，只是在多层次的价值体系中处于主导地位，对其他隶属的价值观念具有统率作用。

总的来说，人在进行自我实践过程中会遵循某种价值标准或者以某种信念、理想等为目标来确定和规范自己的行为，并将此种价值标准或者信念、理想等内化为自己的价值取向。虽然有关价值认同的概念理解还有分歧，但把握好“认可”和“共享”两个重要维度的看法是基本一致的。理解价值认同，必须将实践中的个人行为和价值观问题联系起来，即把价值认同看作是价值主体之间通过相互的交往，以实现各自价值观念或者价值结构的重塑的过程，它既可以被当作一种观念或者理论加以理解运用，也可以作为一种价值实践活动来选择行为和指导实践。

第二节　大学生社会主义核心价值观认同的意蕴

大学生社会主义核心价值认同，就是大学生个体或群体对于社会主义基于一种道路、理论、制度和文化的核心价值的认可和共享，以及趋于同一的心理历程。正确理解和把握大学生社会主义核心价值认同，需要对大学生社会主义核心价值认同的内涵和维度加以明确与探析。

1. 大学生社会主义核心价值观认同的内涵

从作为结果和状态的角度来说，大学生社会主义核心价值认同是在自觉自愿基础上，对社会主义核心价值的认可、肯定和接受。其主要是在校园这个相对单纯的环境里受到影响并得以实现。校园并非一个封闭的环境，认同本身也并不会自发自动产生，要受到经济、政治、文化、生态等各方面社会性因素的制约。作为一个关系范畴，认同是一种集体现象，而不仅仅是个别现象。大学生社会主义核心价值认同，并不单纯是大学生主体个人的事情或者自我心理活动，更是大学生在校内校外、课内课外、网上网下等互动中，通过对涉及社会主义的理论、运动、制度和社会主义规范、观念、文化等的接触、学习和认识，而产生的对社会主义核心价值的认可、接受，以及情感、心理和观念上的契合、对接与相融关系。大学生通过对社会主义核心价值的认同，在自己与社会主义之间建立起精神上的纽带和桥梁，并由此确立自己在社会主义社会中的阶级或群体归属感和地位。

大学生社会主义核心价值观认同是一个自主性过程。随着身心的发育和成熟，大学生已经成为一个具有强烈自主意识和自主性的群体。大学生的自主性，在性别、年级、学历层次、文理背景、城乡家庭、独生子女与否等各个方面，都表现出较明显的差异。自我规划、自我创新、自我负责、自我控制、自我执行是大学生自主性的五个基本维度。大学生在价值教育上的自主性，表现为他们在价值判断、价值选择和价值实践上具有能动性与主动性，在对待价值理论上也具有一定的创新性和自为性。大学生社会主义核心价值认同的自主性，既表现在群体差异上，也表现在个体差异上，但主要是表现在个体差异上。即来自不同家庭背景、不同个人经历、不同认知与接受心理、不同文化和教育程度的大学生，对社会主义核心价值的认同是不平衡的，主要表现在认同的时间长短、节奏快慢、程度深浅、力度强弱等方面均存在较大差异，体现出明显的自主选择性。但具有自主性的大学生，在社会主义核心价值认同意义上，都普遍表现出对社会主义核心价值强烈的求知欲、积极思考的精神和主动实践的行为。

大学生社会主义核心价值观认同是建立在真理性上和科学性上的价值内化和外化。社会主义核心价值是对社会主义本质和特征的正确反映，从它本身的性质来说，因其真理性与科学性，存着被大学生接受、认可与肯定的可能性。如果其只是虚假的价值，只是停留于口号或被认为是骗人的谎话，最终不会被大学生接受和认同。此外，由于涉及哲学、政治学、心理学、社会学、教育学、传播学等多学科理论，又受到多种主客观条件等复杂因素影响，价值认同不仅仅作为一种理想状态和目标结果，更是作为一种进行过程而存在。也就是说，不经由复杂、反复甚至艰难曲折的教育引导的动态过程，认同本身不可能自动实现。过程性是大学生思想政治教育的一个显著特征，也是社会主义核心价值观认同的一个显著特征，过程性的顺利实现以社会主义核心价值观的真理性和科学性为保障，这是毋庸置疑的。

2. 大学生社会主义核心价值观认同的维度

大学生社会主义核心价值观认同是个体认同和群体认同的统一。个体认同强调个体对社会核心价值的选择性、主体性、偏好性及适应性，并显示出个体之间的差异性。大学生社会主义核心价值个体认同指的是大学生在个体层面意义上认可、赞同和支持社会主义核心价值。大学生个体是否认同某种社会核心价值是个体主体性的体现，同时也是主体性之于社会客体适应性的体现。个体意义上的大学生社会主义核心价值认同，实质是大学生个体对自我在社会主义社会里的社会地位、身份和角色的理性确认，它是大学生个人存在的基础和发展的持久动力之一。群体认同是社会认同的一种，体现的是社会层面在认同方面的统一。大学生社会主义核心价值群体认同指的是经由社会主义核心价值在大学生群体中的广泛传播、推广，形成的大学生群体对社会主义核心价值的共同性、一致性的理性认知、情感倾向和理想信念，体现为大学生群体对社会主义核心价值的共同认可、接受和支持。大学生个体之所以能结合成稳固的群体，就是因为有共同的价值认知、思想认识和理想信念。

大学生社会主义核心价值观认同是主动认同和被动认同的统一。“人的主体性是人作为活动主体的质的规定性，是在与客体相互作用中得到发展的人的自觉、自主、能动和创造的特性。”① 简而言之，自觉自主是人的主体性的体现，大学生自觉主动地学习、理解、认可、接受社会主义核心价值，是主体性的充分体现，即是主动认同的表征。人作为社会活动的主体，不仅是主体活动的实施者、操作者，而且是主体活动的控制者、调节者，更是主体活动的策动者、发动者。正因为主体性，人才能在能动的活动中主动地选择社会核心价值，认识和把握社会核心价值，自觉地运用社会核心价值，创造性发展社会核心价值。被动认同是指大学生对社会主义核心价值消极的、不自觉的、不情愿的认可、肯定与接受。它源于外在的、他者的强制力与压迫力。外在的强制力，主要来自客观和主观两个方面。客观方面的强制力，体现了不以人的意志为转移的、内在的和本质的、社会发展的物质力量及必然趋势。被动认同是认同规律使然，是大学生社会主义核心价值观认同的重要途径。

大学生社会主义核心价值观认同是认知认同、情感认同、意志认同和行为认同的统一。认知认同也叫事实认同。认知是人们加工信息、获得知识、应用知识的过程，包括感觉、直觉、记忆、思维、想象等。大学生社会主义核心价值认知认同是大学生对社会主义核心价值所体现的价值关系、判断与选择等的学习、接受、认可、理解和领悟，包括感性认识和理性认识两个阶段。情感认同是认同主体对某种社会核心价值进行评价、选择时所产生的满意、喜爱、肯定等主观情绪体验。情感认同的产生，源于大学生对社会主义核心价值的深刻认识，即

---

① 郭湛．主体性哲学：人的存在及其意义［M］．昆明：云南人民出版社2002年版，第30页．

它是以认知认同为基础和前提。情感认同一旦确立和形成，又会对前一个环节的认知认同产生巨大的正面强化与催化作用。大学生一旦形成对社会主义核心价值的情感认同，会对后续的价值认同起着重要的控制与调节作用。意志认同是主体以自身的社会化需要为驱动力，以自觉性和能动性为基础，以认知和体验、理解和评价、选择和接受等为心理要素，使某种社会核心价值成为自己的内心信念。意志认同体现了作为主体的大学生主动发挥其内在认同机制的主体性，体现了认知、情感和意志三者的统一，具有高度的自主性、自觉性和持久性，有着最重要和最关键的作用。行为认同也叫实践认同，是指认同主体在内化认同的基础上，以情感、意志和信念作为支配力与调节力，自觉履行社会核心价值的相关价值要求和价值规范，在社会生活中把对社会核心价值的内在尊崇外在地转化为自觉行动的过程。“全部社会生活在本质上是实践的”①，大学生对社会主义核心价值的认知认同、情感认同、意志认同如果只是形成于头脑中，而不指导自己的行动并付诸社会实践，认同就失去了意义。因此，大学生社会主义核心价值观认同是认知认同、情感认同、意志认同统一于实践的过程。

第三节　大学生社会主义核心价值观认同教育概述

1. 大学生社会主义核心价值观认同教育的内涵

价值观认同是一种非常重要的认同。价值观认同可以使个体对群体产生心理情感上的认同，以达到行为上的趋同。价值

① 马克思恩格斯选集（第 1 卷）［M］. 北京：人民出版社 1995 年版，第 56 页.

观认同要想达到情感上的认同，实现“内化于心、外化于行”，单靠个体的自觉心理调适、心理选择是远远不够的，还必须通过教育这一直接手段，使人们首先实现对价值观的认知理解，而后达到心理情感上的认可接受，最终实现行为上的认同践行。人民群众在历史的发展过程中形成了模糊的、不系统的诸如和谐、平等、诚信等道德观念，但人民群众不能自发地形成系统的有条理的价值观，也不会自觉地内化并实践社会主义核心价值观，因此，有必要开展社会主义核心价值观认同教育。社会主义核心价值观认同教育为厘清纷繁复杂的价值观念，在全社会形成统一的道德观念、共同的价值追求，提供了重要价值遵循和方法指引。从这个角度说，全社会的社会主义核心价值观认同教育就是需要调动多方面力量，通过理论宣传、活动开展、文化熏陶等多种手段，协同发力，实现思想统一、价值凝聚、行动一致。

纵观古今中外，教育无疑是各个阶级、各个国家、各个民族传播各自核心价值观最重要、最直接的途径，是形成社会成员广泛价值认同的关键环节。高校作为社会主义核心价值观传播的主阵地和主渠道，必须通过多种方式的教育，使大学生在思想上认知社会主义核心价值观的内容，熟知其内涵，并增强大学生对社会主义核心价值观的情感认同。此外，经由实践教学实现认同升华，达到行为认同。总之，大学生社会主义核心价值观认同教育，指的就是通过多种教育，促进大学生对社会主义核心价值观认知认同，情感认同，行为认同，对社会主义核心价值观真学、真信、真践行。

大学生关乎民族的未来发展、国家的前途命运，国家的未来属于青年一代。大学生是最富有聪明才智的群体，大学生的知识素养、道德修养关系着整个国家的未来。因此，大学生社会主义核心价值观认同教育，不仅对于大学生自身形成高尚的道德追求、毕生的价值观念具有重要的意义，也关乎党和国家的未来。当前经济社会快速发展，随之而来的是各种思潮交织并存，在此时代形势下，大学生群体思想日益丰富多元且正发生变化，部分学生出现理想信念缺失等问题。对大学生进行社会主义核心价值观认同教育是一项复杂而紧迫的系统工程，其个性鲜明、内涵丰沛，既具有社会主义核心价值认同教育的一般规律性特点，又具有主体内涵和时代内涵。

2. 大学生社会主义核心价值观认同教育的意义

加强大学生社会主义核心价值观认同教育，对于巩固社会主义意识形态的主导地位、改善高校思想政治教育、促进大学生成长成才意义重大。

首先，有助于巩固社会主义意识形态的主导地位。青年兴则国家兴，青年强则国家强，大学生是社会发展进步的中坚力量和宝贵资源，是推动未来社会发展变革、维护社会主义意识形态主导地位的重要力量。作为在意识形态斗争中争夺的重点对象，大学生的意识形态建设直接关系国家安全与稳定。当前我国正处于社会转型期，不可避免地存在一些矛盾与问题，比如正确思想与错误思想、先进文化与落后文化、社会主义意识形态与非社会主义意识形态等并存，加之大学生的世界观、人生观、价值观尚未定型，导致他们在价值追求上产生偏差。加强对大学生社会主义核心价值观认同教育，引导他们形成正确、积极的价值观，树立价值观自信，有利于引领和整合多样化的思想意识和社会思潮，巩固社会主义意识形态的主导地位。

其次，有助于改善高校思想政治教育工作。高校担负着教书育人的重要任务，更是立德树人根本任务的主要承担者。如何落实立德树人根本任务，培养好高质量的社会主义事业的建设者和接班人，是高校思想政治教育工作过程中必须扎实解决的问题。在各种育人手段中，社会主义核心价值观认同教育无疑是极其重要的必由之路，同时也是党和国家对高校提出的要求。开展大学生社会主义核心价值观认同教育，可使高校思想政治教育工作富有时代性、实践性和先进性。此外，社会主义核心价值观从不同层面提出了具体要求，涉及国家、社会、个人多元维度，它既丰富了高校思想政治教育的素材，也提出了新的时代任务，对于进一步完善创新高校思想政治教育具有积极作用，能有效增强吸引力、感染力和感召力。

最后，有助于大学生成长成才。价值观之于人非常重要，拥有正确的、积极的价值观，就会成为一个道德高尚的人，而奉行腐朽的、消极的价值观，则可能误入歧途。大学生思想和心理尚未成熟，呈现出多变性。通过社会主义核心价值观认同教育，使大学生认同其精神内核、思想精髓，并实现内化和外化，从而牢固树立远大理想，陶冶道德情操，不断提升自己的品格至关重要。在大学这一重要时期，用社会主义核心价值观去引导引领大学生，有利于为大学生成长成才打下良好扎实的思想基础，牢固树立价值自信，坚定共产主义信仰，用实际行动践行社会主义核心价值观，进而成为乐于奉献、能负重任的栋梁之材。

第四节　大学生社会主义核心价值观认同教育理论基础

1. 马克思主义经典理论

马克思主义人的全面发展理论是大学生社会主义核心价值

观认同教育的重要理论支撑。马克思主义人学理论是有关“人”思想政治工作的重要指导。在思想政治教育全过程中，做好“人”的工作，离不开对马克思主义人学理论的把握，尤其离不开对人的全面发展理论正确而全面的理解。人既是思想政治教育的主体，又是思想政治教育的客体，人的全面发展问题是社会发展的根本问题，是教育的价值取向和根本目的，以德、智、体、美、劳等诸多因素构建的思想政治教育旨在培养全面发展的人，这一主旨与马克思主义人的全面发展理论无缝契合。故而对马克思主义人的全面发展理论的正确理解和阐释是思想政治教育的题中应有之义。

马克思认为，个人能力指“个人的、他所固有的力量，即他的智力和从事一定劳动的特殊素质或能力”。个人能力的使用和发挥不仅是为个人需要的满足，它还是个性的对象化过程，是“自由的生命表现”，是“生活的乐趣”[①]。个人能力还满足他人的需要，是人的“社会的本质”的直接证实和实现，是人的社会关系的形成过程。马克思指出，人的能力是人的本质力量的公开和展示，“任何人的职责、使命、任务就是全面地发展自己的一切能力，其中也包括思维的能力”[②]，而且“每一个人都无可争辩地有权全面发展自己的才能”[③]。这里所说的人的能力不是单指人的体力和智力，而是指人的一切能力。人的能力的发展主要是社会能力的发展，通过社会能力

① 马克思恩格斯全集（第42卷）［M］．北京：人民出版社1995年版，第88页．

② 马克思恩格斯全集（第3卷）［M］．北京：人民出版社1995年版，第330页．

③ 马克思恩格斯全集（第2卷）［M］．北京：人民出版社1995年版，第614页．

及其物化的手段，不断延长和强化人的自然力。所有这些，作为人的本质力量的充分体现，都是人的能力发展的重要内容。在马克思主义人的全面发展理论中，人的全面发展并非无所不能、无所不通，而是指人除了从事物质生产劳动以外，还能够从事科学、艺术和社会活动。简而言之，就是高校思想政治教育强调的、落实的人的德、智、体、美等几方面的能力的全面发展。

个人需要的全面发展是马克思关于人的全面发展理论的一个重要组成部分，“人的需要是人的自身规定即人的本性，它是人的全部活动的内在动因”[①]。人的需要的满足，是外部世界逐步同化于人的表征。个人能力的使用与发挥的目的倾向和最终结果都是个人需要的满足。个人需要是个人进行社会协作的物质期待，个人能力在社会协作过程中物化为劳动生产，其一部分作为生活资料进入个人手中就是个人需要的满足。个人需要的满足是“生产者所创造的物人化”[②] 的过程，是个人能力得以维持和发展的物质前提，它还能够产生价值激励的作用，激发个人的创造性。个人需要的满足同样是人的个性和价值的确证。人的需要具有多样性，人正是在需要的多样产生和不断满足中演变出新的交往形式，发展其本质力量，进而推动整个社会的进步和人的全面发展。没有一个多样性的需求结构，人就很难发展出一个全面的能力体系，并把自己提升到一个更高的生存境界。从这个方面来说，人的需要的全面发展具有极为重要的社会意义。高校思想政治教育混合式教学要求突

---

① 王学俭．现代思想政治教育前沿问题研究［M］．北京：人民出版社 2008 年版，第 124 页．

② 马克思恩格斯全集（第 46 卷）［M］．北京：人民出版社 1995 年版，第 28 页．

出学生主体地位，贴近学生的需求实际，满足学生的个性化需要，其理论源头正在于此。

人的个性即人的个体性，它是个体的独立人格。具有自由个性的人，也就是具有自觉、自愿和自主性的人。“自由个性的充分发展是人的全面发展的根本内涵、综合体现和最高目标。”[①] 人是生产实践活动中的“现实的人”，人的全面发展必然要落实在每个人的个性自由的发展上。在马克思主义看来，人的个性的全面发展是有条件的有限度的，高度发展的社会生产力是人的个性发展的现实基础；社会结构和人与人联系的方式是人的个性发展的前提；人作为主体的身心发育程度和活动的方式是人的个性发展的内在条件。人的个性来源于人们的实际生活过程。个人的能力、需要使个人处于与他人、与环境的交换过程中。在此过程中，个人与他人、与环境相互影响、相互作用，社会的价值观念和意识形态影响和塑造着个性。人的个性的全面发展，必须充分遵循、利用和创造“条件”。一方面，要提高人们谋生的手段和能力，提高人们的思想素质，丰富人们的精神生活；另一方面，要看到人的个性也是个体的能动的选择、过滤、组织、加工的结果，个性有其独特性和个体性，因此要有一个充满人性的目标，避免过分受限于物化条件。马克思主义人学理论是关于人的本质确证、需要满足和价值实现的科学理论，它所系统探讨的人的本质理论、人的主体性理论和人的全面发展理论散发着智慧的魅力，是新时代大学生社会主义核心价值观认同教育的重要理论基石。

马克思主义科学方法论是大学生社会主义核心价值观认同

---

① 王学俭. 现代思想政治教育前沿问题研究 [M]. 北京：人民出版社 2008 年版，第 126 页.

教育的方法指导。马克思主义基本原理是对马克思主义的立场、观点和方法的集中概括，体现了马克思主义的根本性质和整体特征，体现了马克思主义科学性和革命性相统一的本质属性。相对于特定历史条件下，对一些特定问题所作的个别分析与判断，以及得出的一些具体结论，马克思主义基本原理具有普遍的、根本的和长远的指导意义。恩格斯曾指出："马克思的整个世界观不是教义，而是方法。它提供的不是现成的教条，而是进一步研究的出发点和供这种研究使用的方法。"①在马克思主义基本原理指导下的科学方法论是我们认识问题、解决问题的有力武器。对大学生社会主义核心价值观认同教育有重要指导意义的是马克思主义哲学本体论和实践论。

马克思主义哲学的出发点是"现实的个人"。"现实的个人"是马克思主义哲学本体论的核心概念。马克思主义哲学的本体论体现为，从人出发、以实践为目的和基础来研究社会的一些问题。它的基本观点主要是，作为社会实践主体的个人，在既定的时空环境中，从事实践活动的目的在于促进自身以及社会的自由、全面发展与进步。马克思主义哲学的本体论诠释，有着从可感觉的、现象领域的实践及生产劳动到更深刻的、超感觉的本质领域即社会生产关系的理论形象。通常情况下，社会生产关系对于一定时代的人来说，是无法选择也无可回避的既定事实。人们都必须在一定的社会生产关系下从事实践活动、进行思维活动。实践，是人的意识观念形成并得以彰显、人的利益需要得以满足、人的能力个性得以发挥等的前提和基础；社会和历史则分别表现人之实践的空间和时间。"现

① 马克思恩格斯选集（第4卷）［M］. 北京：人民出版社2012年版，第664页.

实的个人”对自己的现实生存境况的不断超越，以及其“自由个性”的历史生成过程，体现了人、实践、社会、历史四位一体的相互统一。马克思主义哲学本体论为研究大学生社会主义核心价值认同教育提供了主体依据。

马克思主义首要和基本的观点是实践的观点，实践论是马克思主义基本原理中又一基本内容和重要理论。马克思主义实践论认为，作为现实的人的能动的、有目的的、有意识的对象性活动，实践是人类生存和发展最基本的客观物质活动。正如马克思曾经指出的那样，人类社会的历史“不过是追求着自己目的的人的活动而已”。[①] 人的活动就是带有主观能动性和行为目的性的人的实践。在马克思主义看来，人的本质是一切社会关系的总和，而社会生活在本质上是实践的。实践是人的存在方式，是人的本质力量的展现。两个关键要素支撑着实践活动的顺利展开：第一是各种既定的前提条件。这些条件包括物质条件、社会条件以及人的相关因素。它们是实践活动的根据、基础和出发点。第二是实践目的。实践目的体现了人的能动的目标追求，它既是实践活动的价值和动因，也是实践活动的落脚点。实践活动的展开，就是从实践条件到实践目的实际转化的环节。在既定的条件和所追求的目的之间，需要人们付出相当的行动努力，寻找到合适正确的实现路径，找到那看不见摸不着但又确乎存在的并且贯穿实践活动过程固有的、本质的、必然的联系也就是规律。规律，也就是从实践条件到实践目的之间的逻辑必然性。遵循规律，沿着正确的实践路径，才能引导实践活动以螺旋式或波动式方式，不断曲折前进。

---

① 马克思恩格斯全集（第2卷）［M］．北京：人民出版社 1995 年版，第 118 页．

马克思主义实践论对大学生社会主义核心价值观认同教育的指导意义体现为，要在过程中，以各种价值教育实践活动促进和实现大学生社会主义核心价值认同。大学生社会主义核心价值认同，就是“思想力求成为现实”和“现实本身应当力求趋向思想”[①] 的过程，也就是社会主义核心价值“力求成为”大学生的认同现实和大学生“本身应当力求趋向”社会主义核心价值的过程。社会主义核心价值力求成为大学生认同的现实，能够引领大学生的生活、工作和学习实践，其实也就是要通过一系列的教育实践活动及各种各样的教育过程，实现由大学生既有、实有、原有的价值认同状态向应有理想状态的价值认同转变。转变的实现，依赖于一系列的价值教育实践活动的展开、运行和发展，是教育者和大学生共同参与、相互作用的过程，也是教育者有目的、有计划、有组织地引导、教育大学生，与大学生能动的认识、体验和践行社会主义核心价值的双向互动过程。

2. 经典教育理论

态度形成理论。态度是社会心理学中的一个重要概念，指个体在过去经验基础上，对周围的人、事、物等对象，产生和葆有的一种心理准备状态或人格倾向。或者说，态度是外界刺激与个体反应之间的中介因素，是个人的较为持久而一致的内在结构，是人们对一定对象受到内部制约、相对稳定的心理反应、状态或倾向。构成态度的三个基本因素是认知、情感和意向。态度形成则是指人们如何对客体形成态度评价的过程。态

---

① 马克思恩格斯文集（第 1 卷）［M］. 北京：人民出版社 2009 年版，第 13 页.

度形成理论认为要促进被教育者态度的转变，既要注重学习者内隐机制的形成和研究，又要遵循主体学习者态度转变的三个阶段，即服从阶段、同化阶段和内化阶段。在不同的阶段，教育者要采用不同的教育策略和方法，循序渐进地实现被教育者对学习对象的态度转变。

在大学生社会主义核心价值认同的同化阶段要积极进行典型引导。根据心理学研究，态度形成过程并非完全依赖被试的理性，并不一定高度受意识控制，而可能存在自动化的、无意识的加工，即存在非理性特征。具体来说，态度的形成容易受到说服者权威性的影响。纯粹接触效应等实验现象的发现直接证实了这种推测。作为个体对某一对象所持有的评价和行为倾向，态度的转变是基于对某人或是某事物具有好感，而乐于对其进行追随，自愿接受并逐渐相信他人的观点和信念，感性色彩较浓。因此，对人们态度形成具有积极效应的各类先进典型人物，应被广泛地理性地宣传，同时还要开展感性渗透，促进大学生对承载和体现社会主义核心价值的典型主体形成认可，让大学生从情感深处产生“彼心即此心”的共鸣，从而实现态度转变的同化效应。

在大学生社会主义核心价值认同的内化阶段要强调主动实践。新时代大学生面临着各种各样的价值冲突。丰富多样的社会实践相较于其他非社会实践的教育形式，有着特殊的、不可替代的教育价值与作用，能为大学生价值观教育提供客观真实、形象直观的现实情境资源。切身经历和真实感受有利于大学生正确把握时代脉搏和社会发展趋势，进行合理的自我定位和内外调整，不断矫正认知偏差，学会通过协同与合作应对和克服各种困难，从而培养理性认知、压力化解、自我调适、奋发进取的能力，锤炼和磨砺意志，树立和增强“四个自信”，学会以健康、饱满、向上的精神状态参与并投入中国特色社会主义现代化建设的伟大实践之中。总之，主动实践有助于最广泛和最大限度地挖掘大学生发展潜力，提升他们的情感调控和意志力水平，进而助益大学生对社会主义核心价值观的认同与践行。

行为主义学习理论。行为主义学习理论在20世纪初期由美国心理学家约翰·华生创立，之后在格思里、赫尔、桑代克、斯金纳等学者的研究下，将行为主义学习理论推向了高峰，风靡全球。华生在巴甫洛夫条件反射理论的基础上建立了行为主义心理学，主张心理学应摈弃主观的东西，只研究能够观察到的刺激和反应。华生认为人类的行为都是后天习得的，环境决定了一个人的行为模式；认为查明了环境刺激与行为反应之间的规律性关系，就能根据刺激预知反应推断刺激，或根据反应达到预测并控制动物和人的行为的目的。华生把外在环境及其影响放在极为重要的地位，甚至坚信环境影响人的一切行为的形成。此外，行为主义学习理论特别强调教学要适应学习者个别化特征的需要，在学习者明确学习要求和内容的基础上，注重发挥每一个学习者的学习自主性，力求让所有的学生都能掌握所学的知识和技能，因此根据行为主义学习理论，“只有实施个别化教学才能促进学习者有效学习”①。这些理论观点对高校思想政治理论课混合式教学中的个性化学习具有不可忽视的参考价值。

将行为主义学习理论运用在大学生社会主义核心价值观认同教育实践上，就是要求教学过程中为学生创设一种学习的环

---

① 张军凤．有效学习：基于行为主义学习理论［J］．天津市教科院学报，2012（04）．

境。学生所学到的知识都是后天习得的，因此学生会根据受到的外界环境的刺激而产生新的行为，无论是正常的行为还是病态的行为都是可以通过学习从而强化或者减弱甚至消除的。教师要站在一定的高度上，更多掌握塑造和矫正学生的行为的方法，从而尽可能对学生的正常和出色的行为进行强化，对不适合的行为进行减弱和消除。另外，斯金纳认为教学目标必须精细准确，教学过程要更加关注怎样教，因为学生所学到的最终知识是教师设计的教学过程产生的刺激而获得的。在教学方法上必须注意三点：第一，学习的资料要小部分进行呈现；第二，教师要立刻对学生的反应给予反馈；第三，学生要能自我掌控学习的进度、深度。

行为主义学习理论代表人物斯金纳还重视程序教学，要求根据程序教学法原则编制学习材料，确保学习材料灵活多样，使学习者可以根据自己的实际需要选用。这样学习者能够在自我了解的前提下，自定学习步调，根据自己的学习需求和特点控制教学过程。教师在这个过程中扮演着“强化者”的角色，应注意设计及时的反馈，让学习者在使用时能及时知道自己学习、练习的结果，获得正确的答案。大学生社会主义核心价值观认同教育要把学习的选择权利下沉到学习者，使学习者自选节奏是一大优点。应将知识学习切割成小块，学习重难点各有针对性，教学个性化十分鲜明。线上向教师提问几乎都会在很短的时间内得到答复，教师与学生之间的交流互动加强，教师的“强化”作用得到更大程度发挥，教学效果在内容、手段和环境优化过程中得到提升，这些是行为主义学习理论的价值所在。

联通主义理论。联通主义理论是乔治·西蒙斯 2004 年在《联通主义：数字时代的一种学习理论》（Connectivism：A

Learning Theory for the Digital Age）一文中提出的有关学习方面的理论。此后，西蒙斯一直致力于联通主义学习理论的研究和体系建构。2005 年发表了《联通主义：学习即网络创建》一文阐述其学习观，2006 年出版专著《知晓知识》阐述其知识观，2011 年在博士论文《定向：分布式网络信息环境中的寻径和意会》中提出了联通主义学习发生的两大关键，即寻径和意会。联通主义学习理论的另一个代表人物斯蒂芬·唐斯的主要研究成果散见于其博客文章中，其研究主要包括“《联通化知识简介》，该文首次提出了联通化知识一词；《实践中的学习网络》，该文阐述了网络具有多样性、自主性、联通性和开放性特征；《什么是联通主义》，该文着重阐述了联通主义；《可去之处：联通主义和联通化知识》和电子版博客集《联通主义和联通化知识—关于意义和学习网络的文章》”①。在他们的努力之下，联通主义学习理论的观点已经相对成熟。

联通主义教育理论的观点相对比较分散，涉及的面也比较广，进行系统性梳理是不容易的。但它从全新的角度提出了解释开放、复杂、快速变化、信息大爆炸时代学习如何发生的问题，是 Web 2.0、社会媒体等技术以及知识更新速度日益加剧背景下催生出的重要学习理论，契合了当前的时代特征和知识特性。是众多基于现代技术进行改革创新的新教育模式、新学习模式的重要理论来源。其主要内容已对数字时代的学习产生了不可低估的影响。联通主义教育理论把学习放在信息化、网络化社会结构的变迁中，西蒙斯认为学习是在知识网络结构中

① 王志军、陈丽．联通主义学习理论及其最新进展［J］．开放教育研究，2014（05）．

一种关系和节点的重构和建立，“学习是联结的过程”①。斯蒂芬·唐斯认为，联通主义理论把学习看作是网络的形成过程，强调在网络中学习，并利用网络来支持学习。“学习是网络现象，受到社交、技术、多样性、联结强度、学习环境的影响、支持和强化”②，因而突出信息网络及依据信息网络的特点和变化做出选择和决策的意义。通过理论梳理，可以这样对联通主义教育理论的本质进行概括：“联通主义学习是个体学习和群体学习相结合的学习”③，它强调学习者要建立自己的知识背景、经验和学习内容之间的联结。同时，每个学习者都有自己独特的视角，通过在多种媒体技术支持的空间中与其他学习者之间持续的交流互动，把这些视角组合起来，从而形成整体性“联结”，对学习起到强化作用。

新时代大学生社会主义核心价值观认同教育对新媒体新技术有着明显的重视和依赖，与联通主义教育理论“混合式研究方法是主要研究方法”的特征完全一致，后者对前者的理论指导作用是不言而喻的。正如西蒙斯所指出的，学习已不是局限于一个人的活动，而是与许多信息的联结。人们的学习目的与学习方式会随着社会结构的变化而发生变化。联通主义理论虽然不能作为一种严格的学习理论，但通过联通主义理论的思想，从而认知到网络时代学习的特性，从个人作为起点，学习的过程就如同在编织网，需要与外部有所联系，从而也能从

---

① George Siemens Connectivism：A Learning Theory for the Digital Age［J］. Instructional Technology& Distance learning，2005，2（1）：3－10

② 许涛．试析联通主义慕课的理论与实践［J］．比较教育研究，2016（10）．

③ 王志军、刘璐、杨阳．联通主义学习行为分析方法体系研究［J］．开放教育研究，2019（04）．

外部的组织接收到新的学习信息，不断地完善自己的学习网。学生可以与教师、同学、各类学习资料甚至全球的学习者建立联系，从而形成自己的网络。在学生与教师、学生与学生、学生与各类学习资料以及与全球学习者的交流沟通中，知识的交流、思想的碰撞可以产生新的思想。思想经过交流碰撞才会更加利于内化。高校思想政治理论课作为意识形态教育的主阵地、意识形态斗争的前沿堡垒、社会主义核心价值观教育的主渠道，需要通过网络进行信息交流和思想碰撞，从而加强思想的流通性，增强理论的说服力和感染力。总的来说，联通主义教育理论运用于新时代大学生社会主义核心价值观认同教育是顺应数字时代形势的必然选择，在理论的选择上大方向是正确的。

第二章　新时代大学生社会主义核心价值观认同教育现实背景

新时代大学生社会主义核心价值观认同教育既有深厚的理论基础，是科学理论指导下的产物；又立足于现实，源于对内外形势和教育主客体自身发展规律的因应。

第一节　新时代大学生社会主义核心价值观认同教育的现实之基

1. 中国特色社会主义现代化建设的伟大实践

新时代大学生社会主义核心价值观认同教育属于意识形态教育范畴，是思想理论教育，但并不完全是理论教育，或者严谨地说，是在理论指导下的立足于现实的集知识、情感、理性和行动为一体的教育过程。理论的说服力不能靠“势”，靠“势”是靠不住的，必须靠对真理性的把握。社会主义核心价值观是优秀传统文化和革命改革建设精神融合下的产物，是经过历史和实践证明的科学理念，具有抓住了事物本质的说服力。之所以在新时代能够深入推进大学生社会主义核心价值观认同教育，是因为其深深扎根于中国特色社会主义现代化建设的伟大实践。

中国特色社会主义不是天上掉下来的，中国共产党从建立一开始就旗帜鲜明地把实现社会主义和共产主义确定为自己的奋斗目标。党的一大通过的纲领第一条就写明：本党定名为中国共产党，是以最终在中国实现社会主义和共产主义为奋斗目标的。新中国的诞生是中国历史上翻天覆地的伟大飞跃，它规定了中国未来前进的方向就是走社会主义道路。1956 年社会主义“三大改造”的完成，标志着社会主义基本制度已经在中国大地上建立起来，它再次明确了中国前进的方向就是社会主义。1978 年党的十一届三中全会是我们党又一次具有深远意义的伟大转折，建设有中国特色的社会主义是对改革开放最响亮的回答。邓小平同志在党的十二大上第一次提出“建设有中国特色的社会主义”的崭新命题，并再三强调要走符合自己国情的路，建设有中国特色的社会主义，这是我们党在总结历史经验教训中得出的基本结论。我们党初心不改、矢志奋斗，成功把中国特色社会主义推向了新的 21 世纪，中国特色社会主义旗帜在世界东方屹立不倒、高高飘扬，中国特色社会主义伟大事业稳步推进。中国特色社会主义道路是我们党一代又一代人薪火相传、接力奋斗得出的宝贵经验。党的十八大以来，我们党在推进伟大社会变革的同时不断推进自我革命，中国创造出令人刮目相看的发展奇迹。我们党解决了许多长期想解决而没有解决的难题，办成了许多长期想办而没有办成的大事，推动党和国家事业发生历史性变革，取得全方位开创性历史成就。

经过奋斗形成了党的新核心，我们党创立了习近平新时代中国特色社会主义思想，实现了党的指导思想与时俱进，奠定了中国迈向未来的思想理论基础。在新时代的伟大实践中，习近平总书记统揽伟大斗争、伟大工程、伟大事业和伟大梦想，实现了中华民族从站起来、富起来到强起来的历史性飞跃，成长为我们党新的领导核心，在探索回答中国特色社会主义时代之问时，深刻总结历史经验，广泛聚集人民智慧力量，交出了解决新时代中国特色社会主义基本问题和重大问题的时代答卷，创立了习近平新时代中国特色社会主义思想，开辟了马克思主义新境界。习近平新时代中国特色社会主义思想作为党与时俱进的指导思想和行动指南，被写进了宪法和党章，是指引我党我国发展进步的伟大思想旗帜和精神旗帜，为统一全党全国的思想行动奠定了坚实的思想理论基础。

经过奋斗，我国生产力水平显著提高，交出了人民满意、世界瞩目、可以载入史册的答卷，奠定了我国社会发展进步的物质经济基础。这些年来，我们党聚精会神搞建设，全面深化改革开放，带领人民创造了“四大奇迹”：一是经济持续快速发展的奇迹；二是社会长期稳定的奇迹；三是全面打赢脱贫攻坚战、创造了世界反贫困史上的人类奇迹；四是抗击新冠肺炎疫情的奇迹。这些奇迹生动诠释了新时代人民向往美好生活、追求高品质生活的当代意蕴。国家的综合国力、科技实力、国防实力、文化影响力、国际影响力显著提升，中华民族以崭新姿态屹立于世界的东方。我国经济建设取得的历史性成就为全面建设社会主义现代化强国奠定了坚实的物质经济基础。

经过奋斗，我们党在自我革命中不断发展壮大，培育锻造出新时代伟大精神理念，奠定了中国人民前进的精神力量基础。以习近平同志为核心的党中央正风肃纪，全面从严治党，扎实推进党的自我革命，党员队伍发展壮大，党的凝聚力、战斗力不断增强。新时代党领导人民大力弘扬革命精神，传承红色基因，进行了卓越的实践创造，培育锻造了一系列与新时代要求相适应的新理念新观念新精神。习近平总书记提出创新、协调、绿色、开放、共享的新发展理念，还提出战略思维、历史思维、辩证思维、创新思维、法治思维、底线思维以及系统观念，要求领导干部不断积累经验，增长才干。在新时代的伟大实践创造中，习近平总书记从党的百年奋斗历程中汲取精神力量，砥砺共产党人的品格，滋养共产党人的情怀，淬炼共产党人的精神，提出并锻造了不平凡的新时代伟大精神，譬如伟大抗疫精神、脱贫攻坚精神、“三牛”精神等，树起了新时代精神的巍峨丰碑，汇聚起中国人民迈向新时代新征程、实现党的第二个百年奋斗目标的磅礴力量。

总之，中国特色社会主义现代化建设的伟大实践和伟大成就增强了中国特色社会主义道路自信、理论自信、制度自信和文化自信，使社会主义核心价值观有了赖以生发和成长的现实土壤，使大学生社会主义核心价值观认同教育有了说服人、感染人、引领人的现实根基。

2. 基于百年未有之大变局的国内外形势研判

当今世界正在经历百年未有之大变局，前所未有的发展变革正在潜滋和延伸，世界政治格局变幻莫测、国内经济深度转型、文化观念繁杂多元、信息技术迅猛发展，这使得当前我国社会发展面临着诸多不稳定不确定因素，这些问题也冲击着传统意义上“象牙塔”中的青年大学生，对他们的世界观、人生观、价值观的健康发展带来挑战。研判国内外形势是深度分析和推进大学生社会主义核心价值观认同教育的现实基点。概括起来，当前大学生社会主义核心价值观认同教育正处于全球化、市场化和信息化的大环境中。

（1）全球化环境

全球化是当今世界一股不可逆的时代潮流，世界各国都毫无例外地卷入其中。伴随全球化的深入发展，它已不再局限于经济与技术交流的范畴之内。全球化发端于经济领域，打破国家与民族之间的界限，推动物质资料、精神产品在全球范围内进行“共享”，形成资源全球化的流动与传播。随着生产力水平的发展与对外交往水平的不断提高，不同国家、民族之间的合作与交流日益频繁。正如马克思和恩格斯在《德意志意识形态》中所预言，现代资本主义社会所开创的全球化已使得人与人之间的交往变得普遍，其中“地域性”的个人也已被“世界历史性的、经验上普遍的个人所代替”①。看似独立性的个体实质上正在普遍的联系与交往中发展成为全面的依存关系。经济全球化同时也加快了政治全球化、文化全球化的一体化进程，其中以对意识形态领域内的文化全球化的影响最为突出。在全球化的浪潮下，世界各国要在多元文化的碰撞中竞争、生存与发展，在尊重世界文化与文明多样性的同时，保持本民族文化的独立性和吸引力，是我国在全球化背景下加快发展又保证安全的重要保障。

全球化带来的各种不同思想文化和价值观念的冲突和激荡，不仅表征为一个“同质化”“单一化”的趋向，也是多元文明相互包容、相互融合的过程。客观上，全球化促进了不同国家、民族之间的文化交流，由此导致的文化交锋和价值冲突也在所难免。全球化是社会开放和进步的标志，但也是社会思想文化难以聚合、走向分化的背景因素。在全球化的时代环境中，我们要主动应对多元文化价值观念带来的挑战和危机。既然全球化是大势所趋，那么，正确的选择只能是主动融入、自

---

① 马克思恩格斯选集（第 1 卷）［M］. 北京：人民出版社 1995 年版，第 86 页.

觉对接，只能是从世界发展大势中来定位和把握我国主流价值文化的发展前景，主动地与包括西方在内的世界各价值主体进行平等对话，对于全球伦理、普遍价值提出建设性的主张。因此，在全球化带来的危机和挑战面前，在了解全球化的内涵及其实质的基础上，我们应辩证看待全球化对大学生社会主义核心价值观认同教育的影响，把握时代发展机遇，积极应对各种风险和挑战。我们需要提高自身的文化软实力，增强文化自信，用反映14亿中国人民共识的社会主义核心价值观教育、引导青年大学生。高校要积极应对全球化发展趋势，把“培育什么样的价值观”同“培养什么样的人”统一起来，自觉抵御西方不良社会思潮的入侵，捍卫高校意识形态安全和人才安全，为建设社会主义现代化强国培养合格建设者和可靠接班人。

（2）市场化环境

改革开放以来，随着市场经济的不断发展，社会物质生产力水平显著提升，但同时也给社会的精神文化建设带来了诸多问题。美国当代思想家丹尼尔·贝尔指出：“现代主义的真正问题是信仰问题。用不时兴的语言来说，它就是一种精神危机，因为这种新生的稳定意识本身充满了空幻，而旧的信念又不复存在了。如此局势将我们带回了虚无。”[①] 在竞争激烈的现代社会中，人们为了更好地生存和发展，对价值观的选择和判断呈现出趋利性和现实化的倾向，思想意识和价值观念从一元向多元转变。

所谓的市场经济就是以市场为基础对资源进行有效配置的

① ［美］丹尼尔·贝尔．资本主义文化矛盾［M］．北京：三联书店1989年版，第74页．

一种经济运行方式。有效配置资源体现了社会效率的作用，驱使各市场主体必须具备竞争意识，竞争性成为市场经济的显著标志。竞争性激发人们的主体性与能动性，它通过自由地进行交易满足人们的基本需求，丰富了社会关系，体现了人的主体价值，促进社会进步。但同时，市场经济发展的后果之一就是容易产生两极分化，拉大贫富差距，引起个人心理失衡。现代社会功利主义盛行，享乐主义、个人主义、拜金主义等各类腐败现象也随之产生，侵蚀人们的精神世界，甚至会冲击社会的伦理道德底线和个人的内心信仰，引起人与人关系的异化。"竞争所引起的伟大的社会变革把资产者之间的相互关系以及他们对无产者的关系变为纯粹的金钱关系，而把上述一切'神圣化的财富'变成买卖对象，并把无产者的一切自然形成的和传统的关系，例如家庭关系和政治关系，都和它们的整个思想上层建筑一起摧毁了。"① 正因为市场经济的"双刃剑"效应，所以趋利避害，促进社会物质文明和精神文明的共同发展，是社会主义现代化建设事业顺利发展的基本保证。

中国特色社会主义进入新时代后，当前社会主要矛盾转变，我国的社会经济由高速增长阶段转向高质量发展阶段。这种变化，是中国社会进入新的历史发展时期的重要标志，同时也彰显了人们对美好生活的需要日益广泛，他们比以往更在意精神层面的获得感，这也对市场经济环境下培育大学生的价值观提出了更高要求。当代大学生是同新时代共同前进的一代青年，既拥有个人奋斗的广阔舞台，又承载着伟大的时代使命。他们中大多数人没有经历过物质上的匮乏，丰裕的物质生活有

① 马克思恩格斯全集（第3卷）［M］．北京：人民出版社1995年版，第432页．

可能会造成其精神上的“缺钙”。长此以往，对他们的健康成长和国家社会的发展极为不利。因此，在目迷五色、鱼龙混杂的市场经济环境中，亟需重构新的社会价值伦理体系，用社会主义核心价值观这个思想“压舱石”和价值“定盘星”，保障高校人才培养的总体方向和育人质量。高校应充分利用市场经济开放性、创新性、竞争性等积极因素，培养大学生的自立自强精神、竞争创新意识、理性务实态度等。同时要坚决抵制市场经济消极的负面影响，关心和重视大学生成长发展的直接现实问题，帮助他们解决实际利益矛盾，处理好个人、集体和国家三者之间的关系，树立正确的得失观、苦乐观、荣辱观、奉献观等，坚定中国特色社会主义理想信念，自觉培育和践行社会主义核心价值观。

（3）信息化环境

互联网技术的飞速发展使当今社会从工业化时代迈入信息化时代。数字化、信息化、网络化表征着社会发展的进步，改变着传统的社会生产方式和生活状态，也改变着人们尤其是青年大学生的话语体系、交往环境、思维方式和价值选择等。

以网络为特征的信息化时代对传统的社会结构和社会关系产生了巨大影响，互联网迅速扩展渗透到社会生活的各个领域，使当下的人们几乎都存在于信息网络之中，人与人、人与网、网与网相互交织，网络化生存成为一种常态。网络信息的开放性、平等性、多样性和虚拟性等特点，使得这种网络化生存呈现出与现实生活完全不同的状态。信息化不仅带来了多元的生活方式，也拓展了当前大学生社会主义核心价值观教育载体和手段的变革。一方面，大学生价值观教育的主体意识增强。对当代大学生来说，网络为他们了解世界、获取信息提供了一种更为有效的途径和渠道，建立在现代数字技术和网络技术基础之上的“新媒体”打破了传统媒体单一性的传播方式，为大学生提供自由平等表达观点的平台。现如今，有着“网络原住民”之称的“95后”“00后”青年大学生，微信、微博、QQ等社交工具成为他们生活中不可或缺的部分，也使得他们在自己的话语圈里寻找到存在的价值，获得了主体意识。另一方面，大学生价值观教育模式的改变。网络信息的虚拟性给价值观教育带来了新的认知和实践方式——虚拟认知和实践。这种认知和实践活动方式，既具有现实社会中人们惯常的认知、实践特性和功能，又具有网络自身的特征和功能。在网络的虚拟空间中，网络主体的认知和实践活动具有匿名性和弱可控性，这既为在网络中推进社会精神文化发展创造了巨大空间，也会造成人们在现实生活中人际交往能力的下降和人际关系的冷漠，甚至会带来网络主体的道德失范。这种认知和实践方式对传统的高校价值观认同教育带来了新的挑战。

伴随着互联网技术的快速发展，“网络这一技术实体所发挥的作用已远远突破了物质的范畴，成为承载人类语言、知识甚至思想的载体，人们在网络世界中形成了特有的语言体系、思维方式以及价值观念”。在网络这个纷繁复杂的世界中，各种资源信息并存、不同社会思潮碰撞、多元文化观念交织，因此，需要用社会主流意识形态和价值观念引领和主导高校网络阵地的建设，抵制网络错误思潮和异质声音，为大学生的健康成长营造一个正气浩然的清朗网络空间。高校应通过“互联网+”的手段，充分利用网络大数据信息，拓展与创新社会主义核心价值观教育的网络育人路径。以校园网络建设为抓手，多措并举创新社会主义核心价值观教育的内容和形式；加强校园网络监管，消除不和谐的网络“音符”，坚守网络文化阵地。对此，教育部和共青团还对高校社会主义核心价值观网络化建设做出了具体部署，要求建设好和使用好网络平台载体，加强中国青年网、大学生在线、未来网、易班网，以及校园和各级共青团组织公共微博、微信等载体建设，向师生定期推送电子报刊、校园信息，宣传报道培育和践行社会主义核心价值观的典型人物及其事迹，产生示范和引领效应。发挥新媒体交流互动功能，加强网络服务管理队伍建设，发挥专家学者、辅导员和共青团网络宣传员等的作用，增强设置议题和主动发声能力，引领网络思潮，促进社会主义核心价值观网络化传播。

第二节　新时代大学生社会主义核心价值观认同教育的现实必然

1. 培养社会主义时代新人的迫切要求

2020 年习近平总书记在西南联大旧址考察时强调："教育同国家前途命运紧密相连，我们教育的目的就是培养社会主义建设者和接班人。培养有历史感责任感、志存高远的时代新人，为实现中华民族伟大复兴提供有力人才支撑。"① 大学生作为国家的未来、民族的希望，是中国特色社会主义事业的建设者和接班人，是未来担当民族复兴大任的时代新人，是实现中国梦的中流砥柱。他们的价值观直接关系到社会主义建设事业的前途，关系到国家的命运。大学时期是世界观、人生观、价值观形成的"拔节孕穗期"，尤其在价值冲突复杂交织的今天，如果不能进行有效的价值引领，大学生势必会陷入价值迷茫，甚至走向价值虚无。如何把新时代的大学生培养成"德

① 国家中兴业 此日需人杰 [N]. 光明日报，2020-01-23 (04).

智体美劳全面发展的社会主义合格建设者和可靠接班人”，对大学生进行正确价值观引领，已然成为中国教育事业极其重要的任务。

党的十九大报告明确提出：“培育和践行社会主义核心价值观要以培养担当民族复兴大任的时代新人作为着眼点。”①社会主义核心价值观是坚持和发展中国特色社会主义的价值遵循，社会成员的社会主义核心价值观认同将在全社会形成价值引领。它通过明确追求什么，反对什么，朝什么方向走，不能朝什么方向走等来整合多样化社会思潮，推动中国特色社会主义事业的行稳致远。改革开放后，我国发生巨大变化，其中意识形态领域的变化体现为文化发展的多样性、价值取向的多元性以及社会思潮的交织性。这些多元化的价值取向和社会思潮或多或少或深或浅地在影响着每一个社会成员。“今朝有酒今朝醉”体现的是颓废的人生价值观，“学得好不如长得好，工作得好不如嫁得好”是价值观的错乱。大学生身处社会中难免其俗。新时代大学生思想主体是积极向上的，但同时也呈现出多元化倾向，出现了一些如功利主义、实用主义、拜金主义的倾向。我们的大学是社会主义大学，培养人才的目标是“德智体美劳全面发展的社会主义合格建设者和可靠接班人”。国家的富强、民族的复兴、人民的幸福靠的是人才，是有理想、有责任、有担当、有本领的时代新人，更是爱国、爱党、爱社会主义，立志为中国特色社会主义奋斗终身的有用人才。因此，如何正确把握新时代大学生对社会主义核心价值观的认同过程，直面大学生价值观培育中存在的问题，客观地分析其

① 习近平．决胜全面建成小康社会 夺取新时代中国特色社会主义伟大胜利［M］．北京：人民出版社2017年版，第42页．

原因，积极探索对大学生价值观培育行之有效的措施，已然成为摆在中国高等教育事业面前的根本任务。作为社会主义核心价值观培育的主阵地，高等教育承担着关键作用，扮演着关键角色。

2. 坚定中国特色社会主义文化自信的内在要求

文化建设之于一个国家、一个民族意义重大。党的十九大报告讲到文化，主要是两个关键词：一个是“文化自信”，另一个是“繁荣兴盛”。如何做到文化自信的问题，强调五个方面，内容之一就是坚持社会主义核心价值观，足见社会主义核心价值观的建设对于坚定高度的文化自信意义重大。党的十九届四中全会指出：“发展社会主义先进文化、广泛凝聚人民精神力量，是国家治理体系和治理能力现代化的深厚支撑”，突出强调坚定文化自信、牢牢把握社会主义先进文化前进方向以及“举旗帜、聚民心、育新人、兴文化、展形象”[①] 的使命任务。靠什么坚定文化自信？如何牢牢把握社会主义先进文化前进方向？党的十九届四中全会以坚定的文化自信和价值观自信，创造性提出“坚持以社会主义核心价值观引领文化建设制度”，并作出一系列战略部署，这标志着中国共产党对社会主义文化建设规律的认识达到了一个新的高度。

一方面，核心价值观认同在坚定文化自信中具有重要地位。一个国家的核心价值观认同是该国文化自信的生命与引领，在坚定文化自信的进程中居于灵魂地位。我国拥有悠久光辉的文化传统，是世界上少有的具有不间断历史记载的文明古

---

① 中共中央关于坚持和完善中国特色社会主义制度、推进国家治理体系和治理能力现代化若干重大问题的决定［M］．北京：人民出版社 2019 年版．

国，文化资源博大精深，有着丰厚的文化自信基础。但是近代以降，中国沦为半殖民地半封建社会，“全世界几乎一切大中小帝国主义国家都侵略过我国，除了抗日战争外，没有一次战争不是以我国失败、签订丧权辱国条约而告终”①，整个民族自信丧失殆尽。但伟大的中国人民从未停止过抗争与探寻，近代中国落后挨打的原因是什么？无数仁人志士首先将其归结为“器物”，而甲午战争失败证明此路不通；中国的仁人志士又把矛头指向了封建制度，维新变法要建立君主立宪制，辛亥革命要建立资产阶级民主共和制，但失败的结局又一次昭示着制度并非近代中国落后的真正症结。及新文化运动高喊出“民主”“科学”口号，颠覆了封建社会的传统的、旧有的价值观，以崭新的、进步的价值观唤醒了国人，并催生了中国共产党以及新中国的诞生。

另一方面，核心价值观在坚定文化自信中具有引领功能。中国已经大步迈进新时代，政治、经济、社会生活等各方面获得空前发展的同时，中国人民也渐渐树立起道路自信、理论自信、制度自信、文化自信。近代以来，我们一直致力于解决的是中国独立和发展问题；今天的中国在解决自身问题的同时，也直面世界百年未有之大变局，致力于为世界发展提供中国方案。中国的发展开辟了人类实现现代化的新道路，打破了发展中国家对西方国家现代化的“路径依赖”，为世界各国的发展提供了实现现代化的“中国路径”。在这一过程中，中国方案与中国智慧成为闪亮的“名片”。但即便中国强大，也从来不进行价值观输出，我们以实际行动向世界表明我们是负责任的世界大国，不结盟，也绝不称霸，正凸显出新时代属于中国的

---

① 毛泽东文集（第8卷）[M]．北京：人民出版社1999年版，第340页．

文化自信与价值观自信。党的十八大报告明确提出社会主义核心价值观的基本内容，党的十九大报告中再次高度强调社会主义核心价值观的重大意义，这正是我国在发展过程不断坚定中文化自信的集中表现之一。

中国的文化自信源自中国的全方位发展，源自中国道路、理论、制度的实践总结，更源自中国特色社会主义文化的先进性。中华优秀传统文化、革命文化与社会主义先进文化共同构成了中国特色社会主义文化，也提供了文化自信的“元素”。党的十九大报告明确指出：“发展中国特色社会主义文化，就是以马克思主义为指导，坚持中华文化立场的社会主义文化。”① 中华文化发展的落脚点阐明了社会主义核心价值观的引领导向功能。中国特色社会主义的文化首先是社会主义的，然后是具有中国特色、符合中国国情的。社会主义决定了主体不是少数人，而是占人口绝大多数的人民，我们要全面建成的小康社会，是全体国人的小康；共同富裕强调所有人，不落一个，这正是民主、富强的社会主义核心价值观的目标指向。公民个人的微观层面，建设什么样的社会、实现什么样的目标，人是决定性因素。社会主义核心价值观认同的提升，说到底是人的思想建设，蕴含在一个人的精气神里，投射到一个人的精神风貌上，关系到整个社会的社会风尚与精神文明建设工作。正是基于以上宏观与微观的考虑，党的十九届四中全会以高度的价值观自信创造性地提出“坚持以社会主义核心价值观引领文化建设制度”。

---

① 习近平．决胜全面建成小康社会 夺取新时代中国特色社会主义伟大胜利［M］．北京：人民出版社 2017 年版，第 41 页．

3. 增强国家文化软实力的客观要求

“软实力”是与“硬实力”相对而言的，是指文化、意识形态等无形力量，所以软实力通常也被称为文化软实力。文化软实力的主体通常是一个国家或地区，具体涵盖源于文化而形成的生命力、凝聚力、传播力、创新力、影响力和感召力，这六个“力”来自核心价值观认同的精神支撑。显而易见，国家要进行文化软实力建设，最根本的就是核心价值观认同的培育，这关乎一个国家的生命力与凝聚力。习近平总书记指出，提高国家文化软实力，关系我国在世界文化格局中的定位，关系我国国际地位和国际影响力，关系“两个一百年”奋斗目标和中华民族伟大复兴的中国梦的实现①。习近平总书记的讲话道出了文化软实力的“本体性”，为核心价值观认同的培育提供了前提，也提出了要求。

一方面，一个国家的核心价值观认同力是文化软实力的核心和灵魂，在国家文化软实力诸要素中居于主导和支配地位。“文化”包含器物、制度、行为、观念四个层面，从四者关系看，观念层面决定着其他三个层面，居于核心地位。核心价值观是文化的根本内核，它解决的是“为什么做”的问题，决定着人们“做什么”和“怎么做”，更是决定文化性质和方向的最深层次要素。美国南加州大学外交研究中心联合英国波特兰公关公司和 Facebook 共同发布了《2019 年全球软实力研究报告》，报告中显示，法国、英国、德国、瑞典、美国位于世界软实力前五强，中国只排在第 27 位。美英该项调查结果有

---

① 习近平新时代中国特色社会主义思想三十讲［M］. 北京：学习出版社 2018 年版，第 208 页 .

很强的意识形态色彩，存在偏见，但也可看出我国在文化软实力建设上还有不少工作要做。国家文化软实力的建设主体与客体均是一个个受核心价值观支配的实体，核心价值观认同在国家文化软实力建设中处于统摄地位。就国家文化软实力的建设主体即国家的决策者来说，核心价值观通过其影响到国家制度设计和权力运行，进而影响到一个国家的思维方式和话语系统。同时，作为国家文化软实力的建设的客体，公民接受一定的价值观教育，并被引导认同核心价值观，最终形成提升国家文化软实力的合力。一个国家要有凝聚力，一个民族要有生命力，一个政党要有战斗力，必须有坚定的核心价值观认同，形成共同的思想道德基础。

另一方面，核心价值观认同在提升国家文化软实力中具有引领导向与凝聚激励的功能。随着国际社会发展内涵的深化，以价值观为核心的文化发展成为衡量一个国家经济、政治发展的关键因素。文化价值观与人类社会进步的关系成为 21 世纪的热门话题，思考核心价值观认同的功能成为重要议题。综其阶段性结论，概括为：其一，引领导向功能。核心价值观认同能够引领国家的文化软实力建设方向，引导社会成员达到思想上的认同、情感上的共鸣、行动上的印证，最终促进国家持续健康发展。放眼世界，美国有称霸世界的三片——薯片、芯片、好莱坞大片，而日本也有闻名于世的三大制造——汽车、电器和动漫，隐藏在背后的是强大的文化或者价值观念。当今世界，没有科技一打就垮，没有文化不打自垮。令人警醒的是，我国拥有整个世界最厚重的文化资源，却称不上是文化强国，与经济、政治、军事相比，我国的文化软实力仍有待增强。所以，提升对社会主义核心价值观的认同力，建设社会主义先进文化极为迫切。此外，核心价值观认同的引领导向功能还体现于公民个人层面，以明确“倡导什么”“反对什么”为其提供行动的天平、言行的标准，在全社会形成良好风尚。其二，凝聚激励功能。伴随着全球化的到来，各种思想观念、文化意识形态的矛盾与冲突集中表现为价值观的冲突，迫切需要一种统一的核心价值观来凝聚社会共识、强化共同信念、整合群体意识、夯实思想基础，进而化作维系社会和民族生命共契的巨大能量。

4. 实现中华民族伟大复兴的现实要求

社会主义核心价值观是增进社会团结和谐的最大公约数，全体社会成员的社会主义核心价值观认同将在全社会形成一种强大的凝聚激励力量。党的十八大以来，习近平总书记提出了更高的发展目标，即实现中华民族伟大复兴的中国梦。党的十九大进一步将第二个百年奋斗目标提升到“全面建成富强民主文明和谐美丽的社会主义现代化强国”，这个目标的实现需要凝聚全社会的共识，而达成共识需要依托社会主义核心价值观。通过社会主义核心价值观认同铸就中华民族的凝聚力与向心力，是实现中华民族伟大复兴的现实需要。社会主义核心价值观凝心聚力的作用在 2020 年抗击新冠肺炎中得到了充分彰显，全国 3.2 万名医护人员驰援武汉，上演最美逆行；河南一个国家级贫困县 300 多名村民三天徒手拔出支援湖北的十万斤大葱；还有大批群众自愿自发坚守一线助力抗疫。这是一次全面阻击战，靠的是中国人民的勠力同心与众志成城。中华民族伟大复兴的实现，不可能一蹴而就，需要一代又一代人的努力。一代人有一代人的使命和责任，青年的使命和责任是时代赋予的，新时代大学生更要砥砺前行，在中华民族的伟大复兴中不懈奋斗、砥砺前行，既做中国梦的追梦人，又做圆梦人。

因此，必须发挥高校社会主义核心价值观培育主阵地的作用，在新时代大学生社会主义核心价值观认同培育上下功夫，解决好“培养什么人，怎样培养人，为谁培养人”的根本问题，把立德树人的根本任务落到实处。

同时，社会主义核心价值观的提出是全球化进程中应对西方价值观冲击的必然选择。西方价值观的渗透并没有因为全球化进程的加快而停止，反而愈演愈烈，并在一定程度上呈现白热化趋势。如何应对，关乎国运。应对好了，社会秩序得以良性运转；应对不好，例如东欧剧变、苏联解体、“阿拉伯之冬”的事件就会重演。这些国家被以美国为首的西方价值观所颠覆，放弃了自己的价值观，陷入“民主陷阱”。如今，一些西方媒体和政要不断攻击我国价值观、制度，比如，2014年美国副总统拜登在宾夕法尼亚大学的毕业典礼上，攻击中国是“不能自由呼吸”的国度，这是公然质疑中国的制度和价值观。2020年新冠肺炎疫情暴发，武汉“封城”属实是科学抗疫防疫之法，但《纽约时报》却撰文指责我国侵害人权。“人权”是美国提出的具有侵略含义的价值观，我国以社会主义核心价值观与之对抗。这些年从“一带一路”，到2020年疫情中的大国担当，中国从不输出价值观，而是致力于构建人类命运共同体，越来越为世界人民所认可和支持。这也证明了社会主义核心价值观的科学性和实践性。

第三节　新时代大学生社会主义核心价值观认同教育的自身逻辑

对新时代大学生进行社会主义核心价值观认同教育有其重要性和必要性，也有其可能性和可行性，其可能性和可行性依托于大学生社会主义核心价值观认同教育的自身发展历程和发展特点。

1. 大学生社会主义核心价值观认同教育的发展历程

一段时期以来，全国各高校紧密围绕大学生核心价值观教育这个中心任务，采用课程教学、实践养成、文化熏陶、网络传播、宣讲推广、榜样引领等路径和形式，把社会主义核心价值观落实在大学生思想政治教育工作的方方面面。通过扎实可行的工作机制、灵活多样的教育载体、独特新颖的活动方式，有效推动核心价值观认同教育的落地生根、持久深入。

第一，发挥课程教学主渠道和主阵地作用。高校每一门课程都有思想政治教育的功能和责任，而思想政治理论课作为落实“立德树人”根本任务的核心课程，担负着大学生核心价值观教育的主要职责。近年来，全国各高校不断深化思想政治理论课课程与教学改革，促进价值引领与专业知识融合，不断创新教学方式方法，取得显著成效。如北京师范大学形势与政策课以公共必修课的形式，紧密结合国内外时事热点开展专题授课，让核心价值观教育走进大学生的心里，以“入心”“走心”收获了学生们的广泛喜爱和普遍认可。南京农业大学思政课教师们在思想道德修养与法律基础教学过程中通过情景剧、辩论赛等形式，将大学生自身的思想问题、社会热点问题等重现课堂，让大学生的思想困惑点、心理疑惑点和社会关注点统统呈现在课堂上，使学生在教师引导下主动学习和践行社会主义核心价值观。马克思主义基本原理课则设计“每周播报”课堂实践环节，由学生自主选择热点新闻和社会时事，采取介绍背景、亮出观点、教师点评等方式，使社会主义核心价值观的引导和教育在潜移默化中做出成绩。

与此同时，高校各类专业课程结合每个专业的特点和规律，深入挖掘自身所蕴含的思想文化教育资源，以核心价值观引领专业课程建设，将传道与授业、教书与育人、智育与德育相结合，形成了专业课与思想政治理论课协同发展、相互促进的社会主义核心价值观教育格局。北京联合大学推进“课程思政”建设，将核心价值观的教育内容“基因式”地融入各类课程的教学之中。机械工程导论课中除了传授专业知识和技能外，还强调培养大学生的职业道德修养，引导他们思考工程实践与可持续发展理念的关系；公共英语课是面向全校大学生的公共课程，利用这一契机在课程教学中有机融入京味文化和校史校情等知识的学习，有利于大学生文化素养的提高和价值观的引导。江苏科技大学在全校启动“课程思政聚合行动”，充分挖掘各类课程中的“思政元素”，在智能控制课程里融入马克思主义理论，在船舶专业课上进行爱国主义教育等，力促各类课程与思想政治教育同频共振。

第二，用好实践教学手段。党的十八大以来，全国各高校积极贯彻落实人才建设要求，坚持把“实践育人”作为大学生核心价值观认同教育的重要路径，构建立体化、多渠道的社会实践网络，打造课内与课外、校内与校外、家庭与社会紧密结合的社会实践平台，使社会主义核心价值观教育落细、落小、落实。在新时代，大学生核心价值观社会实践教育方式更加丰富多样、特色鲜明，形成了典型性经验和样板式方法。如北京大学的“爱心社”、清华大学的“紫荆服务总队”、华中农业大学的“本禹志愿服务队”等一批志愿服务团体。社会主义核心价值观要实现由“入心”到“入行”的过渡，就需要经由社会实践。同济大学通过“家乡历史调研”活动，引导学生从身边的家族、家乡的历史变迁视角出发，以切身感受体会和领悟“家国情怀”的深厚涵义，增强对党、国家、社会以及故乡的感情，由此厚植责任感和使命意识。井冈山大学等高校联合举办“走进山东抗日根据地，践行社会主义核心价值观”主题教育，组织大学生走进红色乡村，回顾革命事迹，感悟抗战精神，从中接受核心价值观的教育。华南农业大学10年间组织万名大学生志愿者担任春运临时列车乘务员，支援铁路春运，用实际行动诠释了“心系国家、敬业爱岗”的社会主义核心价值观理念。中南大学以“敬业、友善”的核心价值观为引领，利用“雷锋”这个价值符号，创建“雷锋岗”志愿者团队，让“雷锋精神”焕发出新时代的光芒。

第三，注重文化涵养的重大价值。文化是涵养心智、塑造价值观的有效载体，校园文化隐性教育的特点和功能使自身具有很强的渗透力和凝聚力，能够对大学生价值观的形成产生潜移默化的积极影响。党的十八大以来，全国高校纷纷注重在当代大学生中大力弘扬中华优秀传统文化、革命文化和社会主义先进文化。发掘优秀传统文化，滋养社会主义核心价值观之根；继承红色文化传统，传承社会主义核心价值观之脉；加强先进精神和先进文化引领，凝聚社会主义核心价值观之魂。把文化涵养的功效更大程度发挥出来。

首先，传承中华优秀传统文化。天津大学在天津文庙博物馆建立传统文化教育基地，努力搭建教育平台，促进传统文化专家学者与师生之间互动学习和交流。通过举行与国学传播相应的文化活动，展现中华民族优秀传统文化的独特魅力。武汉大学的“珞珈国学大讲堂”、天津大学的“北洋大讲堂”、大连理工大学的“百川讲堂”等以优秀传统文化研究和宣传为定位的学术讲堂邀请文化名家、艺术大师、专家学者等走进校园，用中华优秀传统文化的智慧和深刻的思想底蕴涵养大学生的社会主义核心价值观。

其次，弘扬革命红色文化。浙江大学开展“寻访红色记忆，勇担强国使命”的主题教育，引导和组织学生利用寒暑假，前往全国重点红色教育基地，走访了解我们党的光辉历程和革命先辈艰苦卓绝的奋斗经历。以此激发青年大学生的“爱国情、强国志、报国行”。延安大学通过建立“延安精神”教育基地，利用假期组织大学生到南泥湾、杨家岭、枣园等红色教育基地开展现场教学。上海财经大学在纪念五四运动一百周年之际举办以“弘扬法治精神，传承红色文化”为主题的法治文化红色探寻系列活动等。这些主题实践活动颇具有地方特色，是把革命文化具体化和赋予时代内涵化的表现，对新时代大学生社会主义核心价值观认同培育有积极正向的作用。

再次，加强社会主义先进文化建设。北京建筑大学以“焦裕禄精神”为大学生社会主义核心价值观认同教育的“抓手”，把“焦裕禄精神”融入课堂教学、社会实践、校园文化和网络阵地的建设中，使“焦裕禄精神”成为引领和教育学生的一面旗帜、一支火炬。上海第二工业大学深入推进新中国“劳模精神”教育，以校友劳模的优秀事迹感染教育学生，以生动鲜活的现实素材和生活情景开展劳模精神的传承和社会主义核心价值观教育。湘潭理工学院以劳动教育为着力点，把“爱劳动、愿劳动、肯劳动、会劳动”“劳动创造价值”“劳动创造财富”的社会主义核心价值观追求融入一枝一叶、一锄一耕中，使劳动光荣、劳动伟大成为大学生的文化“潮点”。

最后，在传承先进文化的同时，各高校还通过丰富多彩、形式多样的学术讲座、社团活动、文化艺术体育活动等，挖掘与社会主义核心价值观相契合的精神元素，打造高雅活泼、健康向上的校园文化环境，充分展现社会主义核心价值观春风化雨、润物无声的育人效果。复旦大学坚持把弘扬“博学而笃志，切问而近思”的校训精神同培育践行社会主义核心价值观紧密结合，激励广大师生弘扬百年复旦精神，传递时代正能量。重庆大学推进“立德树人”专题校史馆、展览馆、博物馆、图书馆等“四馆工程”建设，梳理80余年办学历史资料，加强校训、校徽、校歌等文化符号的设计创新，全力构建校园文化新阵地。北京林业大学开展了以“自觉践行社会主义核心价值观，争做担当民族复兴大任的时代新人”为主题的文化墙绘制活动，将社会主义核心价值观与学校学科特色和办学理念相结合，营造了良好校园文化氛围。

第四，开辟多种渠道拓宽大学生社会主义核心价值观认同教育场域。一方面，用好用活新媒体手段。新时代大学生与网络的关系密不可分，他们的思维方式、生活习惯和价值观念等深受网络的影响。高校社会主义核心价值观教育必须用好网络媒体平台，用正能量和先进文化占领网络阵地，真正做到“为广大网民特别是青少年营造一个风清气正的网络空间”。党的十八大以来，许多高校在探索建立多元一体的“网络思政”育人方面积累了成功经验，形成大学生社会主义核心价值观教育的特色和亮点。北京成立“青年广播”和“北京电台高校广播联盟”，全面打造校园广播、传统广播和新媒体平台互通一体的网络教育体系。上海交通大学积极推动校园传统媒体和新兴媒体的融合发展，促进学校主页、新闻网、校报、官方微博和微信等媒体的协同共建、资源共享，形成校园官方全媒体平台，打造新媒体矩阵。湖南师范大学努力构建立体多元的网络文化育人平台，开发“星网”“星空”辅导员团队博客、“星空”手机报、微博、“小星”微信、电子信息屏等丰富多样、功能互补的校园网络文化产品集群，使网络成为传播培育社会主义核心价值观的稳固阵地。另一方面，扎实做好宣讲推广工作。培育和践行社会主义核心价值观，需要加强主流思想意识形态的宣传教育，让核心价值观的理念入耳入脑入心，夯实社会主义核心价值观认同和践行的基础。党的十八大以后，全国各高校紧跟形势，向青年学生大力宣讲和传播社会主义核心价值观，注重发挥正面教育的舆论效应，用主旋律、正能量占领高校思想文化阵地，用社会主流价值导向引领大学生的健康成长。全国高校注重调动大学生的主动性和创造性，成立“大学生宣讲团”，依托“道德讲堂”，利用网络媒体等开展社会主义核心价值观宣讲推广工作，用正面的宣传引导大学生树立正确人生方向和进行正确价值追求，增强对各种不良思潮的鉴别力和免疫力。中国地质大学深入挖掘各类教育资源，开展支部书记讲党史、“红色之声”学生党员巡回宣讲、“感动地大好党员”专题讲座等一系列理论宣讲活动。中山大学开展“讲一讲——走村进户宣讲社会主义核心价值观”活动，以班级、宿舍为团队，深入农村和城市社区基层进行宣讲。西南大学通过“国防生党员讲坛”开展集中宣讲，将培育社会主义核心价值观作为引领，用党的创新理论武装国防生头脑。东南大学把主题宣讲和理论学习作为培育和践行社会主义核心价值观首要环节，开展“与信仰对话”活动，邀请张岂之等专家学者与学生深入交流，引导学生承担时代责任。安徽师范大学组织的“青马理论宣讲”活动紧扣时代主题、时事热点等，集中宣传科学发展观、创先争优、群众路线、社会主义核心价值观等主题理论，成为唱响时代主旋律的阵地之一。

2. 大学生社会主义核心价值观认同教育的发展特点

自“三个倡导”的社会主义核心价值观提出后，全国各高校积极开展社会主义核心价值观的学习、培育和践行活动。一个阶段以来，各高校在推进核心价值观认同教育方面开展了扎实有效的工作，形成了符合办学理念、贴近师生实际和彰显文化特色的思路和举措，成效显著，可圈可点。总结起来，形成了阶段性的大学生社会主义核心价值观认同教育的发展特点。

第一，各高校大力开展社会主义核心价值观认同教育实践活动。积极贯彻习近平总书记的系列重要讲话精神，学习、领会新时代对社会主义核心价值观教育的目标、要求。认真落实“两个意见”和教育部、共青团《关于在各级各类学校推动培育和践行社会主义核心价值观长效机制建设的意见》，积极推动教育理念、教育内容、教育载体和教育方式手段的创新。重视整理和总结在培育和践行中形成的好做法、好经验，开创了新时代高校核心价值观教育的崭新局面。

第二，大学生社会主义核心价值观认同教育呈现出主题突出和特色鲜明的特点。从样本所涉及的高校分布情况看，案例覆盖全国各地。既有东部发达地区的高校，也有中西部地区的高校；既有985、211等高水平大学，也有普通高等院校；既有本科院校，也有高等职业院校等。以上分布特点表明，全国各地各高校围绕“社会主义核心价值观”这一鲜明主题，立足新时代需要和大学生的身心发展规律，充分开发和利用校本特色资源，搭建和创设特色载体平台，在教育实践中收获了一些成果。

第三，大学生社会主义核心价值观认同教育内容丰富、形式多样。通过高频词分析，发现高校对于社会主义核心价值观认同教育的关注点与教育部网站和全国高校思想政治工作网所发布的热点关键词大体吻合，从整体上反映了大学生核心价值观认同教育实践的聚焦点所在。通过分析可以明显看出高校社会主义核心价值观认同教育的内容和形式涉及思想政治理论课、社会实践、校园文化、网络新媒体、志愿服务、宣传教育、诚信教育等多个维度层面，各高校在实践中积极探索创新工作思路、方法和举措，有效增强了大学生社会主义核心价值观认同教育教育的针对性和实效性。这些特点成为大学生社会主义核心价值观认同教育的主基调，为新时代大学生社会主义核心价值观认同教育的深入开展和内涵式提升夯实了方向性基础。

第三章　新时代大学生社会主义核心价值观认同教育内容分析

开展和推进新时代大学生社会主义核心价值观认同教育，首先要对其内容进行分析，理解和把握其内容建构、实践场域和体系建构是精准发力、提高实效的前提。

第一节　新时代大学生社会主义核心价值观认同教育的内容建构

1. 科学社会主义的价值思想

科学社会主义是关于工人阶级、劳动人民和全人类解放的学说，是关于建设社会主义和实现共产主义的科学，是真理与价值的高度统一。科学社会主义之所以是科学，并不在于把价值、目的因素从自身中排除出去，而是在于把合理的价值理想建立在真实的历史基础之上，并且科学地论证了实现这一价值理想的途径、手段和主体力量等等。

首先马克思恩格斯始终强调，他们的学说是为无产阶级的阶级利益服务的，是为无产阶级的解放运动服务的。社会主义核心价值观反映的正是无产阶级和广大劳动人民群众生存、发展的根本利益和要求。其次马克思恩格斯构想和设定了社会主义价值理想。它由无产阶级夺取政权，上升为统治阶级争得民主这一革命的最近目标和消灭剥削、消灭任何阶级统治，直至消灭无产阶级本身，实现共产主义这一革命的最终目标构成。最后马克思恩格斯阐明了实现这一理想的基本路径和具体条件：在物质方面，发达的生产力是共产主义革命“绝对必需的实际前提”①；在精神方面，必须促进科学文化的发展和人的道德水平的提高；在政治方面，必须通过弘扬公正和民主达到人与人之间关系的和谐和完善；在人的发展方面，要逐步推动“自由人联合体”② 目标的实现。

科学社会主义价值思想为社会主义核心价值观认同教育提供了最直接的思想素材和理论指南。第一，要把马克思主义、科学社会主义作为科学的世界观和方法论，运用马克思主义、科学社会主义的立场、观点和方法来凝练和建构社会主义核心价值观。第二，要吸收和借鉴马克思主义经典作家的社会主义价值思想。限于当时的历史条件，马克思恩格斯对未来社会只是进行了粗线条的勾勒，对社会主义核心价值观并未做出具体论述，但是，他们对未来社会基本图景的大致预测仍然涉及了社会主义核心价值观问题。例如，他们对“人的自由全面发展”“平等正义”“集体主义”“友爱互助”“富裕和谐”等价值理念的深入阐述内容十分丰富，这些都可以看作是科学社会主义核心价值观的主要范畴。这些范畴体现了科学理性与价值理性的统一、目的性与规律性的统一、社会发展与人的发展的统一，可以作为我们凝练社会主义核心价值观的直接思想来

---

① 马克思恩格斯选集（第1卷）［M］．北京：人民出版社1995年版，第86页．

② 马克思恩格斯文集（第5卷）［M］．北京：人民出版社2009年版，第96页．

源。第三，社会主义核心价值观是社会主义性质的价值观，它内含着社会主义的基因，是社会主义社会所特有的。社会主义社会是人类社会的一个发展形态，与其他社会形态相比有着自身的本质属性，而社会主义核心价值观必须是这种本质属性在价值层面的集中反映。由于社会主义核心价值观为社会主义社会所特有，与其他社会形态的核心价值观有着本质区别，所以，要在马克思主义思想的指导下，善于把社会主义核心价值观与封建主义社会、资本主义社会等其他社会形态存在的核心价值观对比，从中提炼和概括出社会主义最根本、最核心的精髓和要义，使社会主义核心价值观能够充分反映社会主义社会的本质属性和价值诉求。

2. 新时代人民群众的价值诉求

实践的观点是马克思主义首要和基本的观点。马克思指出："全部社会生活在本质上是实践的。凡是把理论引向神秘主义的神秘东西，都能在人的实践中以及对这个实践的理解中得到合理的解决。"① 马克思主义"始终站在现实历史的基础上，不是从观念出发来解释实践，而是从物质实践出发来解释观念的形成"②。在这里，实践被视为破解一切理论难题的基石和一切价值观念生成发展的源泉。因此，要科学提炼、概括社会主义核心价值观，就必须面向实践，实事求是地考察并理解实践，把实践作为思考问题的立足点和出发点。从一定意义上讲，社会主义核心价值观深深扎根于社会主义的实践中。

---

① 马克思恩格斯选集（第1卷）［M］. 北京：人民出版社1995年版，第56页.

② 马克思恩格斯选集（第1卷）［M］. 北京：人民出版社1995年版，第92页.

在建设中国特色社会主义的历史背景下，只有立足中国特色社会主义的实践，回答实践提出的理论和现实问题的核心价值观才会有合理的现实基础，这样的社会主义核心价值观才会被广大群众普遍接受。改革开放以来，特别是近十年来，中国特色社会主义经济建设、政治建设、文化建设、社会建设、生态文明建设及党的建设实践快速发展。在不断发展的社会主义创新实践中，党和政府先后提出了许多思想理念、方针原则、目标口号等，逐步形成了一系列重要的价值理念和价值诉求，为社会主义核心价值观的确立提供了丰厚的价值资源。例如，建设“富强、民主、文明、和谐”的社会主义现代化国家，体现了中国特色社会主义的价值目标。以最终实现“共同富裕”为目标的社会主义本质论，彰显了社会主义初级阶段的价值追求。科学发展观的第一要义是“发展”，核心是“以人为本”，基本要求是“全面协调可持续”，根本方法是“统筹兼顾”，其中蕴含着丰富的价值内涵，具有鲜明的价值导向。以“民主法治、公平正义、诚信友爱、充满活力、安定有序、人与自然和谐相处”等为内容和特征的社会主义和谐社会，具有独特的价值内容。以“生产发展、生活富裕、乡风文明、村容整洁、管理民主”为主要内容的社会主义新农村建设，也具有丰富的价值内涵。以上这些价值理念和价值诉求，都是在我国社会主义建设的长期实践中逐步提出和确立起来的，其中一些已经为广大人民群众所熟知、所接受，是现阶段人民群众广泛认同和普遍接受的价值理念，反映了广大人民群众最广泛的价值认同和最强烈的价值诉求，为凝练社会主义核心价值观积累了丰富的价值素材，奠定了广泛的群众基础，使社会主义核心价值观具备了智慧支持和价值来源。

3. 中华民族传统价值观的精华

价值观属于文化的范畴，不可能脱离特定的历史文化传统。每个民族都有自己的传统，传统不仅是历史的遗产，而且继续存在于现实之中。毛泽东指出："中国现时的新文化也是从古代的旧文化发展而来的，因此，我们必须尊重自己的历史，决不能割断历史。"① 所谓的"尊重自己的历史"指的就是把根子扎在历史的土壤中，不能抛弃传统文化和价值。在新的价值土壤中平地起高楼，这是不对的，也是不可能成功的。与毛泽东所说相类，提炼、概括凝练社会主义核心价值观，也不能割断历史，必须从传统价值观中汲取营养。中国传统文化博大精深、源远流长，具有时代特色和深深历史烙印的核心价值观是我国五千多年文明发展的历史沉淀。社会主义核心价值观不能脱离中华民族传统核心价值观的历史积淀，而且要把它作为最基本的价值资源。只有根植于中华民族五千年文明的悠久文化传统，在固有的文化土壤里扎根，才能结出丰硕的果实。中华文化包含着丰富的价值内涵，凝结着卓越的价值智慧，诸如"和为达道"的和谐观念，"生生日新"的更新观念，"明健自强"的能动精神，"人为贵"的人本思想，"重义轻利"的价值取向，"贵群舍己"的价值选择等。这些价值理念不仅具有历史合理性，而且具有当代价值，可批判性地继承和弘扬，结合时代精神加以改造，使之成为社会主义核心价值观中的优秀元素。

中国传统道德规范中的积极内涵也十分丰富，诸如爱国、尚德、倡廉、尊师、重教、自强、忍辱、正直、孝慈、任贤、

---

① 毛泽东选集（第2卷）［M］. 北京：人民出版社1991年版，第708页.

守法、明礼、知耻、忠恕、勇毅、扶危、济困、同情、善良、节俭、务实、慎独、诚信、仁爱、正义等。这些优秀的伦理道德规范在数千年的历史演进和沉淀中已经刻入中国人的基因中，化为了中华民族的血肉，融入了炎黄子孙的灵魂。将这些优秀的传统美德与社会主义核心价值观相融合，赋予其新的时代内涵，使之成为人们普遍遵循的价值理念和道德规范，可以起到春风化雨、润物无声的效果，从而让人们在久已存在的价值取向中得到浸润，助力认同和践行社会主义核心价值观。从世界范围来看，我国周边的一些国家和地区在推行儒家传统价值观方面取得了令人注目的成效。如韩国以“忠孝礼”为重点，大力推行儒家传统价值观；新加坡对“忠孝仁爱礼义廉耻”八德进行现代诠释，提出了“五大共同价值观”。这些成功经验值得我们学习和借鉴。总之，借鉴和吸收中国传统价值观中的积极因素，并进行现代转型，使之有机地融入社会主义核心价值观，必将有力增强社会主义核心价值观的中国风格和民族特色，增强凝聚力和感染力。

4. 现代公民的基本道德规范

价值观是价值主体在社会生活和现实实践对于各种价值现象的主观反映，即在价值活动过程中所形成的关于价值信念、价值标准、价值目标、价值规范等相对稳定的观念。依据主体不同，价值观大致可以分为两类：一是个体价值观。它是由于个人特定的生活经验和独特的社会化过程而形成的，是个体心中深层的信念、信仰、理想系统，它在个人的活动中发挥着价值导向、情感激发和价值标准的作用，是调节和决定个人行为动机的重要因素。二是群体价值观。它是特定群体在较长的历史进程中逐渐沉淀、升华而确立起来的价值意识。群体价值观对群体内部社会成员的心理意向、行为模式从总体上发挥着持久稳定的约束作用，是社会稳定的重要调节手段。

在现实生活中，群体价值观可以表现为国家价值观、社会价值观、民族价值观、阶级价值观、政党价值观等不同形式。社会主义核心价值观是一个富有层次性的有机体系，从主体上来看，它应该是国家、社会价值观与公民个体价值观的内在统一。一方面核心价值观是一种国家制度、一个社会发展模式赖以立足和演进的价值导向，是国家意识形态的灵魂和社会文化的精髓。它奠定了国家、社会制度的道义基础，构成其合法性的依据，为国家和社会制度的构建提供了基本思路，决定了其变革和调整的基本方向，成为相关国家、社会的主导价值。另一方面核心价值观是一定国家、社会中的公民精神，是在主导价值观引导和规范下形成的，能够深刻影响公民个人日常生活实践的共同价值观。它是人们明辨是非、善恶、美丑的价值标准，从一定意义上说就是公民的基本道德规范。社会主导价值观对一个国家起到了维护稳定的作用，公民共同价值观则对生活于这个国家中的公民起到了群体认同的作用。

核心价值观可区分为社会制度价值观和人民生活价值观两大类。封建社会的核心价值观是“君君臣臣、父父子子”，或者说是“君为臣纲、父为子纲、夫为妻纲”的“三纲”，这是核心价值观中的伦理向度。当时的道德价值观是“仁义礼智信”。“三纲”的伦理指向和“五常”的道德指向共同构成了封建时代价值观的内核，它是社会制度价值观和人民生活价值观的统一体。而与此相对照的是西方社会的核心价值观，其社会制度价值观核心是所谓的“民主、自由、人权”；公民的生活价值观实际上是“诚实、自立、责任、财产权”等。如今，体现中国特色社会主义社会制度优越性的“以人为本”“共同富裕”“民主法治”“公平正义”是我国国家精神的精髓；而社会主义荣辱观提倡的“爱国”“敬业”“诚信”“友善”等价值理念则是我国公民应该普遍遵守的道德规范。它们一起共同构成了社会主义核心价值观的丰富内涵。可以看出，以国家认同为追求、以建构和彰显国家制度精神为基调，在规范国家权力运作和制度建设的同时，规范公民的社会行为，不断促成社会良好精神氛围和道德风尚的形成，是大学生社会主义核心价值观认同教育的重要保障。

5. 社会主义核心价值体系精神内核

社会主义核心价值体系与社会主义核心价值观是两个既相互联系又相互区别的概念。一方面，二者在根本上具有一致性和同质性。它们都是科学与信仰、真理与价值、规律与规范的统一，都是先进生产力的价值反映、先进文化的价值体现和先进社会制度的价值内核，都是来自人民的愿望、服务人民的利益、维护社会主义的主体价值，包含着崇高的价值追求和进步的价值准则。另一方面，二者各有侧重，相互区别。社会主义核心价值体系是社会主义意识形态中那些反映社会主义经济、政治和文化制度要求，体现社会主义发展趋势的思想意识、价值观念的总和，而社会主义核心价值观则是对社会主义核心价值体系核心内容和精神实质的高度凝练与抽象概括。从形式上看，社会主义核心价值体系从体系入手，倾向于体系完整、层次明确、内容具体、更加直观的价值意义的整体建构，而社会主义核心价值观从观念出发，倾向于总体上一般性的深刻而精练的价值理念的建构。从内容上看，社会主义核心价值体系的内容比较具体全面，而社会主义核心价值观的内容则比较抽象概括，社会主义核心价值观是社会主义核心价值体系的核心和灵魂，是核心价值体系中最基础、最核心、最稳定的部分。马克思主义指导思想、中国特色社会主义共同理想和共产主义远大理想、以爱国主义为核心的民族精神和以改革创新为核心的时代精神、社会主义荣辱观构成社会主义核心价值体系的基本内容。

具体来说，马克思主义指导思想是社会主义核心价值体系的灵魂，它决定着社会主义核心价值观的性质和方向，为提炼、概括社会主义核心价值观提供科学的立场、观点和方法；中国特色社会主义共同理想是社会主义核心价值体系的主题，它集中体现了全国人民的根本利益和共同愿望，为提炼、概括社会主义核心价值观提供了现实的价值目标和价值追求；民族精神和时代精神是社会主义核心价值体系的精髓，作为中华民族自强不息、发展壮大的精神支柱，它是我们不断开辟新征程、开创新未来的精神动力，是大学生社会主义核心价值观认同教育丰富的价值理念和思想来源；社会主义荣辱观是社会主义核心价值体系的基础，它集中概括了当代中国社会最基本的价值规范和行为准则，为提炼、概括社会主义核心价值观确立了基本价值尺度和道德规范。凝练社会主义核心价值观，必须立足社会主义核心价值体系，确保马克思主义的指导、共同理想的导向、民族精神的支撑、时代精神的引领、社会主义荣辱观的规范，从而形成符合社会主义本质要求、与社会主义核心价值体系相一致的社会主义核心价值观。

6. 世界文明中的优秀价值思想

当今世界，全球文化之间的交流、交融、交锋日渐频繁和激烈，任何一个民族的文化都不可能脱离外来文化的影响而“独立”发展，任何一种价值观也都不可能与世隔绝而“独善其身”。文化的发展需要多样融合，价值观的丰富和发展也要从其他价值观念中汲取养分。这是历史上文明发展的规律，也是当代世界的必然趋势。社会主义是与时俱进的科学理论，是具有鲜明包容性的开放体系，它应该、必须也能够有效吸收世界各国的优秀文化成果，荟萃人类文明的精华。社会主义核心价值观只有与人类文明发展的共同成果和价值共识进行交流、碰撞，并在不断融合中丰富、创新和发展，才能得以充实、提升和完善。从历史发展来看，社会主义本身就是对人类优秀文明成果的承接和赓续，是在借鉴吸收包括资本主义文明成果在内的人类一切文明成果的基础上发展起来的。

恩格斯曾经揭示了人类优秀文明成果与社会主义之间的“源流”关系。他指出现代社会主义“就其理论形式来说，它起初表现为18世纪法国伟人的启蒙学者们所提出的各种理论原则的进一步的、似乎更彻底的发展。同任何新的学说一样，它必须首先从已有的思想材料出发，虽然它的根子深深扎在物质的经济的事实中”。[①] 列宁也指出：“共产主义是从人类知识的总和中产生出来的，马克思主义就是这方面的典范。”[②] 马克思“借助于充分掌握以往的科学所提供的全部知识”，“凡是人类社会所创造的一切，他都有批判地重新加以探讨，任何一点也没有忽略过去。凡是人类思想所建树的一切，他都放在工人运动中检验过，重新加以探讨，加以批判，从而得出了那些被资产阶级狭隘性所限制或被资产阶级偏见束缚住的人所不能得出的结论”。[③] 所以，列宁认为：“无产阶级文化应当是人

① 马克思恩格斯选集（第3卷）［M］．北京：人民出版社1995年版，第719页．

② 列宁选集（第4卷）［M］．北京：人民出版社1995年版，第284页．

③ 列宁选集（第4卷）［M］．北京：人民出版社1995年版，第285页．

类在资本主义社会、地主社会和官僚社会压迫下创造出来的全部知识合乎规律的发展”，“只有确切地了解人类全部发展过程所创造的文化，只有对这种文化加以改造，才能建设无产阶级文化”①。

推进大学生社会主义核心价值观认同教育应该按照这一思路，借鉴吸收全部人类知识的精华、人类文明发展的优秀成果，充分反映人类最美好的目标理想和价值追求。科学、民主、法制、自由、人权并非资本主义所独有，更不是资本主义的标签，而是人类在漫长的历史进程中共同追求的价值观和共同创造的文明成果。只是在不同的历史阶段，它们具有不同的表现。但大的方向不曾改变，即世界文明的多样性是不以人们的主观意志为转移的客观存在。文明因为多样而交流，因为交流而发展。不同文化之间不应该互相歧视、敌视、排斥，而应该相互尊重、相互学习、取长补短，“尊重不同国家人民对自身发展道路的探索，以文明交流超越文明隔阂，以文明互鉴超越文明冲突，以文明共存超越文明优越”②，共同形成和谐多彩的人类文化。我们要保持开放心态，自觉地把民主、自由、平等、人权、科学、文明、法制、和平、幸福等人类共同的价值观作为社会主义核心价值观的价值资源，“以宽广胸怀理解不同文明对价值内涵的认识”③，这是人类文明发展的必然趋势，也是社会主义文化发展的必然要求。在凝练社会主义核心价值观的过程中，我们既要反对把西方的价值观作为“普世

---

① 列宁选集（第4卷）[M]．北京：人民出版社1995年版，第285页．

② 习近平．把中国文明历史研究引向深入 推动增强历史自觉坚定文化自信[N]．人民日报，2022-05-29（01）．

③ 习近平．把中国文明历史研究引向深入 推动增强历史自觉坚定文化自信[N]．人民日报，2022-05-29（01）．

价值”照搬照抄，又不能把本属于人类社会普遍追求的精神价值拱手让给西方，始终把准一个方向，即为大学生社会主义核心价值观认同教育营造一个宽广博大、风清气朗、要素众多且和谐的空间。

第二节　新时代大学生社会主义核心价值观认同教育的运行机理

教育是有一定规律的精神活动过程，大学生社会主义核心价值观认同教育属于认知、情感、意志相统一的精神教育范畴，具有一定的复杂性，当然也有其运行机理。概括起来，理性认知是起点、情感共鸣是重点、思想转化是拐点、心理调适是焦点、沉淀固化是重点。

1. 理性认知是大学生社会主义核心价值观认同教育的起点

大学生对社会主义核心价值观的理性认知是心理倾向的一种表现，也是核心价值观认同的前提条件。当代大学生只有在思想政治理论课上系统学习社会主义核心价值观的主要内容，在课外开辟丰富的学习场域，围绕社会主义核心价值观的内核和基本内容开展研讨和学术研究，也即是用好第一课堂和第二课堂两个渠道，抓好第一课堂和第二课堂两个积极性，疏通第一课堂的“堵点”，敲准第二课堂的“鼓点”，才能够深刻领会社会主义核心价值观的本质内涵，进而为“认同”奠定基础。

首先，要全面系统地学习马克思主义相关理论。思想政治理论课课堂上应把马克思主义基本原理以及马克思主义中国化的伟大成果讲授作为首要任务，使大学生了解马克思主义产生的历史背景，马克思主义在中国传播的历程，马克思主义在中国革命建设改革中起到的作用。课堂教学还要重点回答大学生们的各种理论关切，如中国现已进入社会转型期，马克思主义是否还能指导中国特色社会主义现代化建设？另外，通过课堂教学，使大学生认识到马克思主义具有与时俱进的理论品质，它是不断发展的科学理论；马克思主义不仅包括马克思、恩格斯、列宁、毛泽东等伟人创作的经典著作，也包括马克思主义中国化的最新理论成果——邓小平理论、“三个代表”重要思想、科学发展观、习近平新时代中国特色社会主义思想等。课堂教学要教会大学生运用基本理论分析社会问题和各种社会思潮，看清事物的本质，明确事物发展的方向，提高自身的政治觉悟，切实做到用理论武装头脑。

其次，要对中国近现代史和“四史”，特别是中国共产党历史有清楚的认识。大学生在学习中国近代史时要考虑以下两个问题：近代中国积贫积弱的原因是什么，在众多原因中的根本原因是什么？近代中国人民经历了多次革命都以失败告终，为什么中国共产党领导的新民主主义革命成功了？在课堂上解决了这些问题后，就会认识到只有社会主义才能救中国，只有社会主义才能发展中国，“没有中国共产党，就没有新中国，就没有中国人民的幸福生活，就没有中华民族的伟大复兴”①；理解“历史和人民选择了中国共产党，中国共产党也没有辜负历史和人民的选择”②；体会只有在中国共产党的领导下，走中国特色社会主义道路，中华民族才会实现伟大复兴，从而深刻理解中国共产党为什么“能”，中国特色社会主义为什么

---

① 习近平．以史为鉴、开创未来，埋头苦干、勇毅前行［N］．人民日报，2022－01－02（01）．

② 习近平．以史为鉴、开创未来，埋头苦干、勇毅前行［N］．人民日报，2022－01－02（01）．

"好"，马克思主义为什么"行"，坚定中国特色社会主义理想信念，为实现共产主义崇高理想而奋斗。

再次，要加强对中华民族优秀传统文化和时代精神的学习。学习中华民族优秀传统文化能够培养和增强自身的民族自尊心、自信心和自豪感，养成主动承担起传承中华民族传统美德的历史重任的意识；学习以改革创新为核心的时代精神，有助于全面了解我国改革开放以来社会主义现代化建设的伟大成就，从而认清发展形势，明确历史使命，深刻领会"一代人有一代人的使命"[①] 内涵，增强历史使命感和社会责任感。通过学习、领会和践行以改革创新为核心的时代精神，大学生能够创新思维，开阔眼界，激发创新活力和热情，提高创造能力，努力打造成中国特色社会主义改革创新的生力军，推动社会主义现代化事业向前发展。

最后，学习社会主义荣辱观。"社会主义荣辱观以中华民族传统美德为道德基础，注入了以改革创新为核心的时代精神"[②]，它是传统道德与时代精神的有机结合。社会主义荣辱观是青年大学生的行动规范和立身准则，系统掌握社会主义荣辱观的内容，能够明辨是非，分清黑白，懂得应该坚持什么，反对什么，提倡什么，抵制什么。在日常生活中，大学生自觉培养社会公德、职业道德、家庭美德和个人品德，做到知行统一，注重提高自身素质，努力成为社会主义现代化建设事业可靠接班人和合格建设者。高校思想政治理论课应立足现实，坚持需求导向，从大学生自身思想实际和认识心理的规律出发，

---

① 习近平．共谋绿色生活，共建美丽家园［N］．人民日报，2019－04－29（02）．

② 徐光春．中华传统美德和社会主义荣辱观［N］．光明日报，2007－01－25.

以科学的理论体系为支撑，全面理解和准确把握社会主义核心价值观的相关内容，深刻领会社会主义核心价值观的思想真谛，为思想行动提供指引。

在发挥第一课堂主体作用的同时，也要积极开发第二课堂，以收补充强化之效。第二课堂方式很多，习近平总书记专门指出“社会实践、社会活动以及校内各类学生社团活动是学生的第二课堂，对拓展学生眼界和能力、充实学生社会体验和丰富学生生活十分有益”[①]。基于对社会主义核心价值观本质认知，课外学术研讨是有效的方式之一。课外学术研讨是大学生学习理解社会主义核心价值观的重要途径，是不可或缺的方式之一。因为课堂讲授受时间、地点和其他条件的限制，效果未必能得到保障。而且长期以来课堂教学模式趋向于“我讲你听”，学生在听课的过程中有时遇到困惑或是闪现好的见解，却无法在课堂上提出，制约了学生主动思考问题的积极性。学校应该提供给大学生课外学术研讨平台，用以表达观点和交流思想。新时代的青年大学生“面临各种社会思潮的现实影响，不可避免会在理想和现实、主义和问题、利己和利他、小我和大我、民族和世界等方面遇到思想困惑”[②]，教师应该多倾听学生的困惑和想法，帮助他们解决心理上的疑惑和思想上的矛盾，如此使之真正理解社会主义核心价值观，主动自觉在众多社会思潮中选择社会主义核心价值观。课外研讨须把握一个主要原则，即重视互动交流，发挥学生的积极性、主动性和创造性，培养独立思考和交流沟通能力。这是认知社会

---

① 十八大以来重要文献选编（上）［M］．北京：中央文献出版社 2014 年版，第 280 页．

② 习近平．在庆祝中国共产主义青年团成立 100 周年大会上的讲话［N］．人民日报，2022－05－11（02）．

主义核心价值观的思维前提。

在课外学术研讨中，大学生要把各类社会问题与社会主义核心价值观结合起来，从社会学、心理学和道德观等多角度进行思考、分析、交流，以提高自己对社会主义核心价值观的认知，提升自身的思想政治觉悟和树立远大理想目标，从而努力“成长为有理想、敢担当、能吃苦、肯奋斗的新时代好青年，用青春的能动力和创造力激荡起民族复兴的澎湃春潮”①。总之，理越辩越明，社会主义核心价值观作为一个逻辑十分严密的科学体系，其真理的光辉需要大学生们经过研究、探讨乃至辩论才能愈发璀璨夺目。大学生对社会主义核心价值观理性认知阶段，是大学生在循序渐进理论学习的基础上，正确理解和准确把握社会主义核心价值观的时代背景、内涵及意义等基本内容，进而通过理性思维对其进行价值选择的阶段。它是大学生社会主义核心价值观认同教育的逻辑起点。

2. 情感共鸣是大学生社会主义核心价值观认同教育的重点

大学生对社会主义核心价值观的情感共鸣建立在理性认知基础之上，是大学生认同核心价值观表现出的一种更加强烈的心理倾向。大学生社会主义核心价值观认同教育说到底是情感教育，离开了情感共鸣，一切的认同都无从谈起。“情感上共鸣，思想上才能共振”②，实现和增强情感共鸣是认同教育的重点。能不能激发大学生对社会主义核心价值观的情感共鸣，直接决定着认同教育能否落实落地。激发情感共鸣，需要找准

---

① 习近平. 在庆祝中国共产主义青年团成立100周年大会上的讲话［N］. 人民日报，2022-05-11（02）.

② 情感上共鸣 思想上共振［N］. 解放军报，2022-03-29.

着力点。当代大学生往往对社会焦点问题和自身成长成才问题比较感兴趣，因而关注较多，能够解决问题则能形成理性共识和情感共鸣。因此，可以此为抓手，把握问题关键，坚持需求导向，强化大学生对社会主义核心价值观的情感认同。

“问题是时代的声音”①，每个时代都有不同的社会热点，每一个热点都具有一定的时代特色。2008 年的抗震救灾、北京奥运，2010 年上海世博、广州亚运会，2011 年建党 90 周年，2012 年党的十八大，2017 年党的十九大，2019 年五四运动 100 周年，2020 年新冠肺炎疫情暴发，2021 年建党 100 周年，2022 年共青团成立 100 周年等都是牵动大学生的社会热点事件。这些事件中展现中国人民万众一心、众志成城、迎难而上、百折不挠的崇高品格，是弘扬和践行社会主义核心价值观的集中体现。在这些事件中，大学生志愿者用他们的实际行动践行了社会主义核心价值观，同时也激发了对社会主义核心价值观的情感认同。由于社会焦点问题往往具有极强的震撼力，正是增强社会主义核心价值观的感召力、吸引力和凝聚力并使大学生产生对社会主义核心价值观的情感认同的重要方式。党和国家将社会主义核心价值观落实到制定和实施各项政策工作中，体现在解决好人民群众最关心、最直接、最现实的利益问题中，“发展是一个过程，它不仅不可能一下子解决所有问题，而且会不断出现新的问题”②，在不断解决问题的过程中，能够使大学生感受到了社会主义核心价值观的重大实践价值。当大学生目睹社会主义核心价值观建设能够面对人民群

① 习近平. 这件事我要以钉钉子精神反反复复地去抓［N］. 人民日报，2019－04－19（01）.

② 弄清“怎么看”，明确“怎么办”——科学对待当前的社会热点问题［N］. 人民日报，2011－05－10.

众的正当利益诉求，能为人民群众释疑解惑，能切准时代脉搏，强化问题意识，着力去关注、回应突出的焦点问题时，对社会主义核心价值观的情感认同就悄然产生了。

对于大学生而言，成长成才是他们最现实、最渴望的需求，具有强烈的驱动力、凝聚力。如果能够以大学生的成长成才需要为切入点，满足大学生在成长成才过程中的要求，释疑解惑，指引正确方向，不仅有利于激发大学生高尚的人生情感，而且可以强化大学生对核心价值观的情感认同。大学生最关注的问题是如何将自己培养成为真正的人才，这种强烈的需求与树立社会主义核心价值观的目标是相一致的。大学生成长成才必须有正确的价值观为引导。当今社会，多元思潮纷繁复杂，特别是进入 2020 年以来，整个世界出现了“我们怎么办”的疑问，“面对这一时代之问、命运之问，多少人感到彷徨迷茫”①。身处这个时代漩涡中的当代青年大学生尤感迷茫。许多大学生因为没有树立正确的价值观，可能会误入歧途或者停滞不前、碌碌无为。树立社会主义核心价值观是大学生成长成才的必要条件，是大学生在当前和今后行稳致远的保证。要让大学生在情感上认同社会主义核心价值观，必须充分调动和激发大学生愉快、信任、感激、热情与激情等积极情感因子。回应他们的需求与关切，正可以产生积极效应。

教育工作者要坚持以学生为本的教育理念，尊重学生的主体地位和主体价值，遵循大学生情感心理过程的规律和满足学生的情感需求，深入了解他们的情感、情绪倾向和状态，才可能触动其情感，强化其对社会主义核心价值观的情感认同。当

---

① 照亮前行方向的希望之光——记习近平主席出席联合国成立七十五周年系列高级别会议［N］. 人民日报，2020－10－03（01）.

代青年大学生的情感丰富，情绪波动大，对于大学生来说认知障碍远远少于情感障碍，大学生常会因成长成才需求无法满足而出现对社会主义核心价值观情绪抵制的现象。因此，大学生要在成长成才中积累积极的情感体验，使自身政治认知和道德认知符合社会主义核心价值观的要求，并升华为相应的政治信念和道德信念，同时外化为政治行动和道德行为。大学生对社会主义核心价值观的情感认同，是大学生在认知社会主义核心价值观基础上进行的一种价值判断，这个阶段是不断拓展认同的广度和深度的重要阶段，是大学生从内心真正接受社会主义核心价值观的思想精髓，并把其内化为自身价值观，积极促进其转化成行为规范的阶段。因之，情感认同是大学生社会主义核心价值观认同教育的重点。

3. 思想转化是大学生社会主义核心价值观认同教育的拐点

对社会主义核心价值观的思想转化是指大学生在社会主义核心价值观情感认同的基础上，面对纷繁复杂的社会思潮，经过激烈的思想斗争，进一步认同和理性选择社会主义核心价值观。我国正处于社会转型的重要时期，社会结构深度调整，多样化的经济成分和经济利益、多样化的社会生产方式和经济利益、多样化的生活方式和社会组织形式、多样化的就业方式和分配方式等必然产生多样化的价值观念。“船到中流浪更急、人到半山路更陡”①，多元价值观的冲突不但没有消弭反而呈现复杂交错的趋势。加之世界一体化进程的推进，各种社会思潮、文化意识、价值观念和生活方式对大学生不断产生冲击，

① 习近平在庆祝改革开放40周年大会上的讲话［N］. 人民日报，2018－12－19（02）.

削弱了大学生对现存政治体系的认同感。据此，党中央明确提出要提炼出社会主义核心价值观并且要将其贯穿到国民教育全过程，贯穿到社会主义精神文明全过程。

社会主义核心价值观这一科学命题的提出，为大学生在纷繁复杂的社会思潮中理性选择价值观指明了方向。近年来，各种价值思潮凭借网络手段蔓延到各个角落，对社会产生“无孔不入”的影响。当代青年大学生是网络社会的“常住民”“原住民”，尤其会受到网络世界的影响。有些西方价值观念如拜金主义、自由主义、享乐主义、躺平思想等在校园中不断蔓延，干扰大学生正确价值观的形成和坚持。“思想阵地，真理不去占领，就会杂草丛生”①，意识形态领域，正确的思想不去占领，错误的价值就会滋生。思想政治教育工作者要高度重视意识形态领域建设，增强大学生对错误思潮的辨别和抵御能力，使大学生认识到错误思潮的根本目的在于达到对中国“和平演变”的阴谋。社会主义核心价值观最大的作用就是同错误思潮作坚决斗争，切实解决凝聚力和创造力问题。大学生作为国家的希望和民族的未来，必须牢固树立社会主义核心价值观，不断增强“政治认同、思想认同、理论认同、情感认同”②，防止和抵御西方国家对我国进行的文化侵略。在社会主义核心价值观的引领下，扎实学好专业知识、人文知识，提高自身的综合素质，特别是创新创造能力，为中华民族伟大复兴贡献力量。

价值作为主体所选定、假设或期待、追求的目标，是一种

---

① 意识形态工作时刻不能放松——二谈学习贯彻习总书记在全国宣传思想工作会议上的重要讲话［N］．解放军报，2013－08－23.

② 贾玉梅．打赢意识形态领域斗争主动仗［N］．人民日报，2019－11－07.

主体所选择并力图实现的某种可能性，是一个动态的过程。价值认同从某种意义上说是一种目标，一种人类追求的理想。由于我们的选择受到多种主客观因素的限制，因而主体进行价值选择的过程并不是一蹴而就和一劳永逸的，相反，它经常表现为一个逐步实现的渐进过程。大学生对社会主义核心价值观的认同，是一个从利益认同到价值认同、现实目标到理想目标互相转化、互相渗透的动态过程，首先是浅层次的利益层面的认同。大学生对利益的理解比较深刻和现实，他们会从社会主义核心价值观能解决什么实际问题以及带来什么好处等利益层面进行思考。利益引导对于大学生价值选择十分重要，对大学生进行思想转化须用好利益引导机制。

对理想信念的认同是大学生从国家利益的层面进行考虑的表现。社会主义核心价值观是否能够解决社会凝聚力和民族创造力的问题，是否真的能推动我国社会主义现代化建设各项事业的进程，是否真能解决人民群众最迫切需要解决的实际问题，都是大学生关注的直接关涉社会主义核心价值观认同的重点，这些问题能够得到有效解决，他们对社会主义核心价值观的认同就会进一步加深。可以看出，大学生对社会主义核心价值观的认同必定是在千头万绪的自身思想冲突中逐渐形成的动态过程。大学生认同社会主义核心价值观的思想转化阶段，是大学生在认知认同与情感认同的基础上，真正理解并接受社会主义核心价值观，并按照社会主义核心价值观的要求，对自己原有的价值观念进行重新建构，这一重构过程是否顺利，直接影响到认同的推进，所以说它是大学生社会主义核心价值观认同教育的拐点。

4. 心理调适是大学生社会主义核心价值观认同教育的焦点

社会主义核心价值观认同的心理调适是指大学生在经过激烈的思想斗争逐渐理解和接受社会主义核心价值观之后，继续坚持社会主义核心价值理念，不断破解自身发展难题，不断化解心灵深处的精神困惑，从而进一步增强了对社会主义核心价值观的心理认同。大学生在破解自身发展难题的过程中，会不断增强对社会主义核心价值观的心理认同。大学生按照社会主义核心价值观要求对自己原有价值观进行重建，会以社会主义核心价值观能否破解自身的发展难题为参照标准。大学生自身发展难题主要集中在就业和创业两大问题上。破解大学生就业难和创业难两大难题是做好心理调适工作的必经之路，做得好则能有效促进大学生社会主义核心价值观认同，做不好则会阻碍大学生社会主义核心价值观认同进程。具体来说，可从以下几点展开：

一方面党和政府予以高度重视。近年来，几乎每年中共中央、国务院以及各地政府都会把大学生就业问题摆在重要位置加以推动，认真研究大学生就业难、创业难的解决办法，相继出台了一系列政策文件（比较典型的如《关于加强普通高等学校毕业生就业工作的通知》《关于加强普通高等学校学生就业指导教育工作的通知》《关于引导和鼓励高校毕业生面向基层就业的意见》《关于切实做好普通高等学校毕业生就业工作的通知》等等)，同时也开辟了一系列就业和创业平台[①]，正是这一系列文件的下发和政策的落实，大学生深切地感受到党和政府的深切关怀。虽然就业形势依然严峻，但大学生对党和政府充满信心，相信党和政府能够帮助他们破解就业难的难题。另一方面高校就业指导工作者开设就业指导课，积极引导高校毕业生到基层、中小企业、非公有制企业就业，鼓励和支持高校毕业生自主创业，并对家庭经济困难的高校毕业生实施就业帮助。在党和国家、政府、学校均采取积极措施的同时，大学生本身也在社会主义核心价值观的指导下，扎实学好专业本领，提高自身综合素质，敢于走出校门，到人才市场去自主择业。在就业和创业的过程中大学生不断增强对社会主义核心价值观的心理认同。

当前社会思潮空前活跃，各种思想观念混杂交错，在此影响下，大学生思想差异性也日益增强。抓住大学生思想活动的特点，研究其中存在的规律，进行有效施策是关键。教育工作者要经常深入了解大学生的学习生活状况，帮助大学生解决实际问题和困难，让大学生从内心感到社会主义核心价值观的魅力，特别是理论联系实际、理论指导实践的能力。大学生只有直接和真正地从社会主义核心价值观中获得实实在在的利益，

---

① 如2022年为深入贯彻落实党中央、国务院关于高校毕业生就业工作决策部署，不断提升教育系统就业工作服务水平和数字化能力，促进高校毕业生更加充分更高质量就业，教育部在“新职业网”和“24365智慧就业”基础上，全面升级推出“国家24365大学生就业服务平台”。2022届高校毕业生规模首次突破千万，受新冠肺炎疫情、经济下行压力加大等多重因素影响，就业形势严峻复杂。为贯彻落实党中央、国务院关于高校毕业生就业工作的决策部署，加快健全高校毕业生市场化社会化的就业创业工作机制，千方百计开拓更多就业创业岗位和机会，深入落实就业工作“一把手”工程，教育部决定开展全国高校书记校长访企拓岗促就业专项行动。

才会从内心深处真心实意地支持、拥护和认同它。在整个大学阶段，大学生的心理逐步走向成熟但还没有完全成熟，他们在面对学习、恋爱、就业、升学等问题时，往往会产生各种各样的心理困扰，严重影响健康成长，有些问题处理不好，还会导致极端事件的发生。为更好地化解大学生心灵深处的精神困惑，高校应以社会主义核心价值观为引领，大力加强对大学生进行心理辅导。同时，大学生自身要认识到坚持社会主义核心价值观是解决心理问题和精神困惑的有效途径，需要加强自主学习和运用。

社会主义核心价值观是精神导航和心理良医，对于大学生纾解心理障碍和精神困惑有着重要的积极的作用。大学生应自觉参加心理健康教育课程，在老师的引导下，通过阅读心理健康相关书籍和交流，了解并掌握各种心理发生、发展和变化的规律，并在此基础上分析自身的心理状况。若发现自己存在的心理问题和精神困惑时，应及时和学校辅导员老师及心理咨询老师进行交流，解开心中的困惑。大学生也可以积极参与学校举办的生命与健康教育讲座，准确理解“生命”和“健康”的真正含义，树立正确的人生观和健康观，学会珍爱自己和他人的生命。大学生树立正确的生命观、健康观与坚持社会主义核心价值观是密不可分的。只有坚持了社会主义核心价值观，用社会主义核心价值观消除各种精神误区，解决心理困惑或心理问题，才有可能成为既有知识和能力又有健康心理和良好品格、既会做人又会做事的高素质人才。社会主义核心价值观认同就是在这样的过程中逐步坚定起来的。总之，树立和坚持社会主义核心价值观不仅有利于大学生形成优良的思想道德品质，建立健全的人格和养成积极乐观向上的心态，还有利于化解大学生的精神困惑，助力健康成长、顺利成才。大学生认同社会主义核心价值观的心理调适阶段，是大学生按照社会主义核心价值观的要求重新建构自身价值观，并在此指导下破解自身发展难题，化解心灵深处的精神困惑的过程。它是大学生社会主义核心价值观认同教育的焦点。

5. 沉淀固化是大学生社会主义核心价值观认同教育的终点

大学生在对社会主义核心价值观认同的内化过程经历理性认知、情感共鸣、思想转化、心理调适阶段后，已经在内心深处接受和认同社会主义核心价值观。但如何让大学生进一步深化沉淀社会主义核心价值观并将其并内化为自身的思想道德品质？这需要诉诸灌输—自学—研讨逻辑循环过程。社会主义核心价值观认同教育过程的机制作用在程序上说，就是从灌输—自学—研讨到深化沉淀的过程。这一逻辑循环过程并非自然流程。思想过程特别是思想的心理过程是极其复杂的，思想认识的反复也是经常发生的，因为“观念的东西不外是移入人的头脑并在人的头脑中改造过的物质的东西而已”①，客观事物在变，人的头脑也在变，这符合马克思主义认识论的基本原理；同时，无论是教育者还是受教育者，都可能或者说可以改变这种顺序。所以，深化沉淀的前提是认同接受，但认同接受之后在不同时期不同条件下仍须经过灌输—自学—研讨这一循环过程不断深化沉淀。

大学生对社会主义核心价值观的深化沉淀过程实质上是大学生对内化的社会主义核心价值观自我调节和自我教育的内部机制作用的动态过程。随着知识、年龄和阅历的增长，灌输—

---

① 马克思恩格斯文集（第5卷）［M］. 北京：人民出版社2009年版，第22页.

自学—研讨逻辑循环过程中的具体内容也发生了变化，具有阶段性特点。绝大多数大学生的自我认知越来越清楚，自己的需求越来越明确，自我定位越来越理性客观，也因此越来越深刻了解自己与社会主义核心价值观的要求的差距，并根据其要求重新确立自己的学习目标和可能性学习过程。在自我发展目标确定之后，能根据社会主义核心价值观要求和个人能力调整自己的行为及努力的方向，这正是大学生深化沉淀社会主义核心价值观的动力所在。

理论与实践联动的机制是指大学生通过核心价值观理论学习和价值生活实践，将社会主义核心价值观内化为自己的价值观念并加以践行的运行机制。它包含价值理论学习和价值生活实践两方面。一方面强化大学生的价值理论学习，使其明白何为价值观，何为社会主义核心价值观，弘扬社会主义核心价值观意义何在，真正理解把握社会主义核心价值观的本质内涵与精神实质，并在理性认同和情感认同的基础上内化为个体世界观和价值观，并指导和规范其行为。另一方面强化大学生的价值生活实践教育，使其在社会实践中深化对社会主义核心价值观的理性认知，进而形成并强化价值认同。任何一种理论，都需要融入实践，贴近群众，贴近生活。马克思指出，“道德的最重要特性是以‘实践精神’来把握世界”[①]。从根本上说，社会主义核心价值观是根源于和服务于社会主义的实践及其现实的。实践决定认识，“人的思维是否具有客观的真理性，这不是一个理论的问题，而是一个实践的问题。人应该在实践中证明自己思维的真理性，即自己思维的现实性和力量，自己思

① 马克思恩格斯全集（第46卷）[M]．北京：人民出版社1979年版，第39页．

维的此岸性”。[1] 价值生活实践就是指大学生通过参加具有一定价值内涵和价值意义的社会实践活动，诸如弘扬中华传统文化活动、学雷锋活动以及抗震救灾、社会救助等公益活动等，在实践活动中接受价值教育，形成正确的价值判断，再通过其内在的思辨、选择、融合等活动，深化对社会主义核心价值观的理解和认同。总之，大学生在价值认同和行为认同的过程中，价值理论学习和价值实践活动是相辅相成、相互促进的，只有把价值理论学习和价值生活实践有机结合起来，才能更有效地强化大学生对社会主义核心价值观的内在认同。

固化的前提是内在认同，但内在认同之后必须不断强化进而固化。一般来讲，宣传教化、实践具有目的性价值体验以及情境熏陶等都具有固化作用。固化机制在大学生认同社会主义核心价值观过程的每一环节中都非常重要，是前面的各个环节各种机制作用的集中体现和落脚点，因而必须高度重视。否则，就会使社会主义核心价值观教育的整个动态过程和过程机制流于形式，达不到大学生真正内化认同社会主义核心价值观的目的。大学生认同社会主义核心价值观的沉淀固化阶段，是大学生按社会主义核心价值体系的要求，指导自己的行动，主动自愿按照社会主义核心价值观要求和准则去做，外化为良好的行为，最终形成社会主义核心价值观所规定的习惯过程。所以，它是大学生社会主义核心价值观认同教育的终点。

---

① 马克思恩格斯文集（第1卷）［M］．北京：人民出版社2009年版，第500页．

第三节　新时代大学生社会主义核心价值观认同教育的体系建构

开展和深推大学生社会主义核心价值观认同教育，需要着力于构建系统体系，为认同教育过程提供制度性、长期性和常态化保障。基于系统论、建构学以及教育学规律，建构大学生社会主义核心价值观认同教育体系，须把握原则、主体要素和要素结构。

1. 新时代大学生社会主义核心价值观认同教育的体系建构原则

价值认同的过程是个人实现利益的过程，正如马克思所说："人们为之奋斗的一切，都同他们的利益有关。"① 有些大学生理解的社会主义核心价值观与自身的利益诉求没有进行很好的契合与关联，这是导致大学生社会主义核心价值观缺失的一部分原因。因此，进行社会主义核心价值观认同教育必须用科学的方法。

首先，要以满足广大学生的需要为出发点。只有满足了广大学生现实和理想的需要，特别是个人价值实现的需要，才能使这一价值理念真正得到深刻认同和广泛传播。正如毛泽东指出的："一切群众的实际生活问题，都是我们应当注意的问题。"② "一切空话都是无用的，必须给人民以看得见的物质福

① 马克思恩格斯全集（第1卷）［M］. 北京：人民出版社1995年版，第187页.

② 毛泽东选集（第1卷）［M］. 北京：人民出版社1991年版，第137页.

利。”①“最重要的是充分发动群众，使我党与人民密切结合起来”②，只要与群众结合起来，给群众看得见的福利，群众就能被发动起来，就会真正围绕在我们的周围，热烈地拥护我们。一般而言，当个人利益得到满足时，个人往往会对社会怀有感恩之心，且更愿意接受社会主流的价值观；反之，则会产生一种抵触情绪，这十分不利于对价值观的认同。也就是说，大学生只有对社会主义核心价值观所倡导的理念感同身受、并且觉得其对人生的发展具有指导价值，才能促使他们坚持以社会主义核心价值观为引领，而且在日常的社会生活中加以实践。如果仅仅是单向地进行灌输，缺乏对客体足够关注和考察，那么这种价值观教育便是无效的。

其次，必须符合大学生心理认同规律。认同是维系人格与社会及文化之间互动的内在力量，也是维系人格统一性和一贯性的内在力量，因此，这个概念又用来表示主体性、归属感。认同过程既包括自我认同也包括社会认同。自我认同是个体对自我行为的反思，个体通过向内用力，通过内在参照系统而形成了自我反思性，人们由此形成自我认同的过程。社会认同是社会成员共同拥有的信仰、价值和行动取向的集中体现，本质上是一种集体观念；与利益联系相比，注重归属感的社会认同更加具有稳定性。也就是说，认同过程作为一个体验性的过程，是不断探索人的内心需求与个人利益实现匹配程度的过程，这一过程也是与社会发展规律与社会价值观念相互统一的过程。本质上认同过程就是对自我需求与个人利益实现契合的过程，是对自我的肯定过程，也是对价值观的认可并愿意身体

---

① 毛泽东文集（第2卷）［M］．北京：人民出版社1993年版，第467页．

② 毛泽东文集（第4卷）［M］．北京：人民出版社1996年版，第151页．

力行的过程。在自我认同和社会认同中，个人通过广泛的社会实践活动，逐渐形成和确立社会归属感。因此，提升大学生的社会主义核心价值观认同教育的效果，必须处理好个人与集体之间的相互关系，通过积极参与社会实践与社会分工，扩大相互的社会归属感和他人认可度。在此基础上，使之扩大对社会主义核心价值观的认同程度。

最后，必须符合传播学规律，即社会主义核心价值观的认同教育必须符合信息传播规律。社会主义核心价值观的传播要立足于价值观的互动和共享，必须保证社会主义核心价值观的理论与个人的价值取向有所趋同或者相近。只有这样，社会主义核心价值观的信息才能得到广泛的认同。如果社会主义核心价值观的传播不符合大学生的心理预期和心理认知程度，这样的信息便是一种无效的传播。因此，相较于那种简单和直接的传播方式，通过一些人们喜闻乐见特别是符合大学生兴趣爱好的方式更有利于社会主义核心价值观的传播，从而形成良好的接受和传播氛围，起到耳濡目染、内化于心的效果。

2. 新时代大学生社会主义核心价值观认同教育的体系主体要素

马克思认为，人类的认识过程包含感性认识和理性认识两种形式，这也是认同的两个阶段。感性认知是认知过程的初级阶段，是受教育主体对外部环境直接的感知；理性认知是认知过程的高级阶段，是受教育主体对于原始理论材料进行第一阶段的感性理解后进一步加工消化的过程，更多地体现了受教育的认知主体对事物本质的探求。社会主义核心价值观的“认知—认同”阶段就是大学生通过对社会主义核心价值观的内涵和外延的理解，形成自身认知态度的过程，也是大学生的认识从感性认知到理性认知的突变过程。

理性认知是接受信息主体通过大脑抽象思维，对信息进行读取、判断、推理。具体来说，是将信息材料进行感性层面的整体、概括，从而对于事物进行全面、系统的认识。大学生对于社会主义核心价值观的认同过程就是对学习到的社会主义核心价值观的感性材料进行主体的加工制作，通过个体的分标对比、筛选，最终形成自身的一种态度。它是以反映社会主义核心价值观的本质为内容，因此它是深刻的、真实的。感性认知是接受信息的主体自身在从事实践活动中，通过感知器官直观看到听到和闻到的事物的外在表象，或者是所观察到的事物之间的联系。大学生对于社会主义核心价值观的认知就是由最初的书本概念，新闻宣传标语等传播途径来形成的。它是一种“生动的直观”，因而，社会主义核心价值观“认知”阶段便是一种感性认知，是存在于事物表面或者事物之间的一种状态。大学生群体对于社会主义核心价值观“认知”便属于感性认知阶段。行为认同是指大学生在接受了系统性的社会主义核心价值观教育后，结合自身生活、学习、工作等方面的经历，将社会主义核心价值观与自我价值观于内心进行反复的对比、揣摩、选择、认定，并以社会主义核心价值观为指导，在特定时机进行行动上的尝试和验证，通过对行为结果的反复消化不断稳定的过程。

“认知”和“认同”分属认识的不同阶段，大学生群体对于社会主义核心价值观的“认知”是停留在感性认知阶段，因为认知过程的不断深化，在“认同”阶段，通过大脑的加工过程使得大学生群体将自身所习得的感性材料发展为理性认知。因此，从“认知”上升到“认同”就是大学生群体对于社会主义核心价值观从感性认知到理性认知的过渡阶段，这一阶段也是大学生群体从了解社会主义核心价值观的概念和表象到形成自身对于社会主义核心价值观的态度的过渡过程。所以，这个过程就实现了大学生群体对社会主义核心价值观的认知和认同的过渡。

3. 新时代大学生社会主义核心价值观认同教育的系统要素结构

人类的认识来源于实践，而认识的过程又是从感性认识升华到理性认识，再从理性认识通过实践确认为行为认同的过程。习近平总书记指出："历史发展总是螺旋式上升、波浪式前进的。"① 纵观历史，人类社会不断向前发展，呈现螺旋式上升趋势。因此，感性认识也会经过一系列的过程成为理性认识。接受信息的主体将通过感性、直观的方式从实践中获得大量的材料、信息，经过认识的主体的辩证思维方法来进行加工，形成与自身利益相契合的有效实践指导方法。社会主义核心价值观的"认知—认同"过程，也就是大学生对于通过不同途径了解到的社会主义核心价值观内涵及外延的具体分析和综合的结果，从而将作为客体的内容内化为主体自身价值观的评判标准。在这个过程中，大学生群体的知、情、意、信、行的主观因素直接或间接地影响着社会主义核心价值观的认知和认同。所以，基于实践基础上的社会主义核心价值观认知、认同，在感性认识到理性认知的加工制作之后所形成的指导思想，又会统一于实践。

认同理论指出对某一个价值观的认同是一个复杂、动态、

---

① 习近平．在纪念辛亥革命110周年大会上的讲话［N］．人民日报，2021－10－10（02）．

发展变化的，不是绝对孤立的，而是循环反复的动态迭代过程。每段迭代后行为认同的结果都会作为下一次社会主义核心价值观认同教育的起点。大学生的认识过程是辩证发展的、动态往复的，也如人类社会群体一样经历三个基本阶段：第一阶段是从实践到认识，第二阶段是从认识到实践，第三阶段则是从实践到认识、再到实践、得到认识的无限上升。[①] 三个阶段当中，每个阶段都有具体的演变过程，比如感性认知到理性认知的发展就是在第一个阶段“从实践到认识”完成的。第一阶段过程中受教育主体的情感、意志，欲望、动机、习惯、本能等非理性因素的影响。第二个阶段“从认识到实践”需要受教育主体从实践中得出的真理用来指导实践。第三个阶段由于认识主体的主观因素和环境的客观因素的影响，导致认识运动的反复和无限发展。当然这种反复和无限并不是无意义的，而是“通过实践而发现真理，又通过实践而证实真理和发展真理，实践、认识、再实践、再认识，这样一个循环往复以至无穷，而实践和认识之每一循环的内容，都不是简单的重复，而是上升到一个更高级的层面”。[②] 社会主义核心价值观“认知—认同—实践”机制也经历了这样三个阶段：第一阶段，“认知”内化为文化“认同”；第二阶段，“认同”外化为“实践”行动；第三阶段，“实践”行动固化“认知”和“认同”。

认知过程是受教育者获取、读懂、加工、消化、理解、转化知识的基本心理过程。具体而言，它经过了感觉—知觉—记

① 毛泽东选集（第1卷）［M］．北京：人民出版社1991年版，第282－298页．

② 朱伟峰．谈毛泽东的批判性思维和实践性思维［N］．光明日报，2011－07－12.

忆—想象—思维以及产生语言的过程。换言之，大学生对自身所接受事物概念的形成与判断的过程就是认知的过程。大学生对社会主义核心价值观的认知主要通过对新接受信息的感知程度来体现。随着认知程度的深入，大学生在学习理论知识和信息的过程中不断思考社会主义核心价值观与个体自身的关系，并将二者作为一个整体来权衡。在这个过程中，大学生也不断反思、审视自身，对于信息的深入理解帮助其进一步认识当前热点，在潜意识中开始自发用社会主义核心价值观来作为自身思维的参考，它是认同的前阶段。当一种理论体系上升到社会共识层面的时候，社会认同就产生了。“认同是社会群体成员在认识和感情上的同化过程”①，即个体或群体在感情上、心理上趋同的过程。社会主义核心价值观对社会成员的思想具有凝聚及整合作用，以帮助社会成员形成精神支撑和价值导向。大学生对社会主义核心价值观的文化认同建立在对其理论认知的基础上，调动大学生的非理性因素，以激发其积极的正能量是提高认同度的重要条件。社会主义核心价值观的“认知”与“认同”是认识阶段的两个具体环节，二者前后相继、互相促进。只有将理性“认知”内化为文化“认同”，社会主义核心价值观才能在大学生的内心形成强大的约束力量，促进大学生达成价值观共识。

大学生从认识到实践是认知过程的第二次飞跃，这一阶段是检验客观事物的关键时刻，因为理论要成为真理就必须接受实践的检验。社会认同外化为实践活动，也是检验其是否为社会所适应的必然过程。人是社会关系的产物。而全部的社会生活在本质上是实践的，社会主义核心价值观本身就是一种实践

---

① 许静波．社会认同的生成机制［N］．光明日报，2013－10－15.

理论，它是社会群体的价值观念和价值行为的统一，其基本矛盾是思想与行动的矛盾。使社会主义核心价值观理性与文化"认同"转化为行为"实践"，是这一环节中较为关键的问题。解决这一问题需要做到引导大学生由系统地学习社会主义核心价值观到自觉践行社会主义核心价值观；协调个人实践社会主义核心价值观和群体实践社会主义核心价值观之间的关系；将社会群体价值观的经济意识上升到政治自觉。社会成员能够相互团结、配合协作，是社会主义核心价值观大众实践的必要条件。社会成员的有效协作不仅极大地调动着他们生产生活的积极性，而且有效增强了社会成员的信任程度和价值观认同度。因此，思想是行动的先导，要想统一行动就要统一思想、统一价值观。集体的力量是非常强大的，只有将个体的物质和经济利益上升为多数人民所认同和实践的政治诉求时，社会主义核心价值观才能显示出其真正伟大的意义。

"认知"和"认同"源于"实践"作为"认识"过程的第三阶段，社会主义核心价值观最终都会归结于实践，它是形成文化和理性"认知"与行为"认同"的基础。行为"实践"是人类社会生存和发展的基础，是一切社会物质和精神现象的根据，是形成一切社会关系的良好地基。社会主义核心价值体系形成了社会主义形态下的物质生活富足、政治生活透明、精神生活丰富的局面，有效地驱动了社会主义发展。行为"实践"决定着文化和理性"认识"，具体说来，社会主义核心价值观扎根于中华优秀传统文化，从古人的思想精髓中提炼出来，它对于当下的中国有着非常重要的指导意义，可以说在社会主义核心价值观"认知—认同—实践"机制这一过程中是最重要的一环。在"认知—认同—实践"机制过程中，社会主义核心价值观认知引导认同进一步深化，而认同又促进社会群体的实践，大学生对社会主义核心价值观进行实践能够进一步推动社会群体认识的深化。这既体现了认知、认同、实践三者间的密切关系，又阐述了其相互作用的相关性，因此，在整个社会主义核心价值观“认知—认同—实践”机制的构建过程中，灵活运用三者的关系具有深远的意义。

第四章　新时代大学生社会主义核心价值观认同现状研究

从2012年党的十八大明确提出社会主义核心价值观的基本内容以来，在全国上下进行社会主义核心价值观建设实践已近十年，从实证角度全面总结新时代大学生社会主义核心价值观的认同状况，并在此基础上进行审视和反思，发现问题找到原因，同时通过大量调研数据的分析找到影响新时代大学生社会主义核心价值观认同的维度与维度指标，这对于今后相关工作的展开具有典型的指导意义。

第一节　调查设计和具体实施

1. 维度指标设计与操作化定义

在认知认同维度上，调查新时代大学生社会主义核心价值观认知认同的现状。以“社会归属感”“自我身份感”“存在意义感”“社会责任观”“精神世界观”“文化对象观”为评价认知认同现状的二级指标，分别着眼于大学生对内也就是对于自身主体性认知的确定指向，以及向外也就是大学生主体对于社会主义核心价值观的主体觉醒考查其认知认同的确定指向。为此，在调查问卷的设计过程中，将认知认同的内容分为对内确指与向外确指两个部分，以明晰认知认同的对象性指向所具体呈现的状况。

在情感认同维度上，调查新时代大学生社会主义核心价值观情感认同的现状。以大学生对社会主义核心价值观的情感满意度与情感喜欢度为评价情感认同的二级指标，在具体的操作化定义方面，情感满意度指大学生对于社会主义核心价值观的情感满意程度；情感喜欢度指大学生对于社会主义核心价值观的情感浓烈程度。

在行为认同维度上，调查新时代大学生社会主义核心价值观行为认同的现状。以“行为体验”“行为稳定”“行为深化”为评价大学生对社会主义核心价值观的行为认同现状的二级指标，考查的是大学生对于社会主义核心价值观的践行程度。在具体的问卷设计过程中，把大学生是否存在与社会主义核心价值观有关的行为经历作为衡量行为体验度的操作化指标；把大学生是否存在与社会主义核心价值观有关的、相对稳定的行为选择作为衡量行为稳定度的操作化指标；把大学生是否存在与社会主义核心价值观有关的行为运用程度作为衡量行为深化度的操作化指标。

表 4.1　新时代大学生社会主义核心价值观认同调查问卷的指标设计

维度	维度指标	指标操作化定义
认知认同	社会归属感	大学生对于当前所处的中国社会的归属意识
	自我身份感	大学生对于自我身份的认同和理解
	存在意义感	大学生对读大学目的的追问
	社会责任感	大学生对于国家、社会、个人层面的责任认知
	精神世界观	大学生对于精神追求的价值追问
	文化对象观	大学生对社会主义核心价值观投射出的文化认知

续表

维度	维度指标	指标操作化定义
情感认同	情感满意度	大学生对社会主义核心价值观的情感满意程度
	情感喜欢度	大学生对社会主义核心价值观的情感浓烈程度
行为认同	行为体验	大学生与社会主义核心价值观有关的行为经历
	行为稳定	大学生与社会主义核心价值观有关的、稳定的行为选择
	行为深化	大学生与社会主义核心价值观有关的行为运用程度

2. 研究假设的提出

第一，认知认同为社会主义核心价值观认同提供引导力。它主要包括对内与向外两个方面的确指，对内确指主要是大学生对于自身主体性的觉醒与认同，即自我认知，体现为社会归属感、自我身份感、存在意义感三个维度指标；向外确指即价值认知，就是主体的三观与社会主义核心价值观在价值层面的理性契合，包括社会责任观、文化对象观、精神世界观。通过培养广大学生对于自己身份强烈的责任感、使命感，提升其对于社会主义核心价值观认同的理性契合度，将其作为行为取舍的评判标准，进而推动新时代大学生在价值冲突中做出认同社会主义核心价值观的思想与行为选择。基于此，提出以下六个基本假设：

假设1：社会归属感对于价值冲突中大学生做出认同社会主义核心价值观的思想与行为选择显著正相关，即社会归属感越强烈，越有利于新时代大学生在价值冲突中做出认同社会主义核心价值观的思想与行为选择。

假设2：自我身份感对于价值冲突中大学生做出认同社会主义核心价值观的思想与行为选择显著正相关，即自我身份感越强烈，越有利于新时代大学生在价值冲突中做出认同社会主义核心价值观的思想与行为选择。

假设3：存在意义感对于价值冲突中大学生做出认同社会主义核心价值观的思想与行为选择显著正相关，即存在意义感越强烈，越有利于新时代大学生在价值冲突中做出认同社会主义核心价值观的思想与行为选择。

假设4：社会责任感对于价值冲突中大学生做出认同社会主义核心价值观的思想与行为选择显著正相关，即社会责任感越正向，越有利于新时代大学生在价值冲突中做出认同社会主义核心价值观的思想与行为选择。

假设5：精神世界观对于价值冲突中大学生做出认同社会主义核心价值观的思想与行为选择显著正相关，即精神世界观越正向，越有利于新时代大学生在价值冲突中做出认同社会主义核心价值观的思想与行为选择。

假设6：文化对象观对于价值冲突中大学生做出认同社会主义核心价值观的思想与行为选择显著正相关，即文化对象观越正向，越有利于新时代大学生在价值冲突中做出认同社会主义核心价值观的思想与行为选择。

第二，情感认同为社会主义核心价值观认同提供驱动力。它主要包括广大学生思想与行为选择的情感满意度与情感喜欢度两个情感驱动维度指标。在长期的社会实践中广大学生对于社会主义核心价值观的精神依恋程度与情感积累程度如何，持满意与不满意、喜爱与厌恶、肯定与否定等态度，都将影响其现实行为的取舍，在情感上对社会主义核心价值观持有满意、喜爱以及肯定的态度将推动新时代大学生在价值冲突中做出认同社会主义核心价值观的思想与行为选择。基于此，提出以下两个基本假设：

假设7：情感满意度对于价值冲突中大学生做出认同社会主义核心价值观的思想与行为选择显著正相关，即情感满意度越高，越有利于新时代大学生在价值冲突中做出认同社会主义核心价值观的思想与行为选择。

假设8：情感喜欢度对于价值冲突中大学生做出认同社会主义核心价值观的思想与行为选择显著正相关，即情感喜欢度越高，越有利于新时代大学生在价值冲突中做出认同社会主义核心价值观的思想与行为选择。

第三，行为认同为社会主义核心价值观认同提供实践力。广大学生对于社会主义核心价值观的认知认同、情感认同，最终体现于具体的行为层面，它主要包括行为体验、行为稳定、行为深化三个行为实践维度指标。在现实的生活中，如果主体获得愉悦的行为体验，进而达到一定程度的稳定与深化的程度，将推动新时代大学生在价值冲突中做出认同社会主义核心价值观的思想与行为选择，从而升华其对于社会主义核心价值观的认知认同与情感认同。基于此，提出以下三个基本假设：

假设9：行为体验对于价值冲突中大学生做出认同社会主义核心价值观的思想与行为选择显著正相关，即行为体验越好，越有利于新时代大学生在价值冲突中做出认同社会主义核心价值观的思想与行为选择。

假设10：行为稳定对于价值冲突中大学生做出认同社会主义核心价值观的思想与行为选择显著正相关，即行为稳定程度越高，越有利于新时代大学生在价值冲突中做出认同社会主义核心价值观的思想与行为选择。

假设11：行为深化对于价值冲突中大学生做出认同社会主义核心价值观的思想与行为选择显著正相关，即行为深化程度越高，越有利于新时代大学生在价值冲突中做出认同社会主义核心价值观的思想与行为选择。

综上所述，新时代大学生是否认同社会主义核心价值观主要取决于包括认知认同、情感认同、行为认同在内的三个主要维度及其11个维度指标对新时代大学生在多元价值冲突中是否能够思想上倾向于认同社会主义核心价值观，以及行为上选择社会主义核心价值观影响的强度和作用的大小。

3. 预调查问卷的形成与修正

本问卷的编制以大量的文献阅读为前提，建立在对于新时代大学生社会主义核心价值观认同的深入理解以及学界对相关问题研究的基础上。同时依托笔者在思想政治理论课教学工作中对大学生思想形成、行为选择特点的了解、与本领域专家学者的深入访谈、与多名大学生详细交流。本问卷更加全面与翔实地反映了“大学生社会主义核心价值观认同”状况。本问卷的编制主要借鉴了施瓦茨《价值观量表》、佘双好等的《不同社会群体对中国特色社会主义理论体系认同分析》、万资姿的《社会主义核心价值观在当代大学生中的认同状况调查问卷》以及邓明智的《大学生社会主义核心价值观量表》等，在此基础上，从影响大学生价值冲突行为选择的主要内、外部成因中剥离出主要涉及的认知认同、情感认同、行为认同三大维度，进一步提炼出11个具体的维度指标，编制出“新时代大学生社会主义核心价值观认同的调查问卷”。

问卷初步编制成后，专门请校内外专家进行了评定，订正了一些不规范的表述和不严谨的题项。为了能够更好地进行因子分析，还增加了一些题项条目，使之具有良好的内容效度。基于此，初步完成了本问卷初稿的编制。之后选取4名本科大学生对“新时代大学生社会主义核心价值观认同的调查问卷”

进行了试做，用时在 21—25 分钟，说明问卷题量比较大，用时稍长，于是又调整了一些题项。总的来说，问卷中不存在晦涩难懂、难以回答的问题。

预调查在作者工作单位湖南工程学院进行，为覆盖整个大学生群体，样本选择为文科 35 人，理科 32 人，共计 67 人，经过筛选，剔除无效问卷，获得有效问卷 62 份，有效回收率为 92.54%。从受调查对象性别结构来看，男生 36 人，女生 26 人，男女比例为 1.38 ：1，与高校男女比例基本一致；专业覆盖文理；生源遍及城市、县、乡镇；阶段覆盖在校本科生各年级；涵盖学生干部与普通学生、党员与非党员、汉族与少数民族、有宗教信仰与无宗教信仰大学生，总体说来，本次调研对象具有较好的广泛性与代表性。通过预调查，对社会主义核心价值观认同总量表以及三个维度认同分量表的结构效度系数列表中显示的数值进行考察和调整，最终完成了题目的删减与修改，形成了正式的“新时代大学生社会主义核心价值观认同的调查问卷”。

4. 问卷设计和实施

大学生社会主义核心价值观认同是指大学生在对社会主义核心价值观内容了解的基础上所产生的认知认可、情感喜好和价值践行。对核心概念进行操作性分析，在大学生社会主义核心价值观认同现状指标上，从知识知晓度、认知认同度、情感认同度、价值践行度四个二级指标来分析；在大学生社会主义核心价值观认同的影响因素指标上，从政治观、生活满意度、人生观等几个二级指标来分析。调查问卷涵盖两个部分，第一部分为研究对象基本情况，包括性别、学历层次、学科专业、年级、政治面貌、家庭所在地与经济收入等。第二部分为主体部分，包括两个维度，分别是大学生社会主义核心价值观认同现状相关的问题、影响大学生社会主义核心价值观认同的因素问题。根据调查问卷的维度设计，抽取有一定想法的同学展开访谈。

本次调查问卷全部是通过问卷星平台进行发放，调查数据不可人为更改，确保真实有效。调查对象主要是湖南省内包括中南大学、湖南大学、湘潭大学、湖南师范大学、长沙理工大学、湖南科技大学、湖南工程学院在内的十五所本科院校的学生，以及包括长沙民政职业技术学院、湖南理工职业技术学院在内的五所专科院校的学生。本次问卷的设计以社会学的调查研究方法为指导，参考了相关研究方向的问卷设计。本研究按照分层整取的方法，随机抽取一个专业自然班的四个年级，共发放问卷8630份，回收有效问卷7518份，有效率为87.11%。

此次问卷的内容主要包括三个部分，第一部分是基本信息，包括性别、政治面貌、年级、学科等四个问题，以探讨这些因素是否与其认同社会主义核心价值观有相关性；第二部分是认知现状，设置9个问题，主要从认知方面调查大学生了解社会主义核心价值观的渠道，对其三个层面、具体内涵的认知，学习的原因，认可哪些有关活动等；第三部分是认同状况，包括21个选择题以及1个开放题，该部分在认知的基础上进一步调查大学生对社会主义核心价值观的信服程度，主要调查大学生是否愿意实践及其实践状况。同时对高校、社会、网络、家长、学生自身等的大学生社会主义核心价值观认同教育效果与需要努力的方向进行调查。问卷的第二、三部分主要调查大学生社会主义核心价值观认同教育取得的成效与存在的不足以及需要努力的方向。有效数据的基本情况见表4.2所示。

表 4.2　问卷调查样本基本信息

项目	类别	人数	比例（%）
性别	男	3786	50.5
	女	3706	49.5
家庭住址	省会城市	1376	18.4
	地/县级市	2593	34.6
	乡镇	960	12.8
	农村	2555	34.2
学段	硕士以下	6212	82.7
	硕士	870	11.6
	博士	428	5.7
年级	一年级	2637	35.2
	二年级	1763	23.5
	三年级	1734	23.1
	四年级	1360	18.2
专业	文史哲等	1147	15.4
	政经法管等	2464	33.2
	数理化等	1143	15.4
	工程技术等	2235	30.1
	医科	436	5.9
政治面貌	共产党员	1437	19.4
	共青团员	5616	75.7
	群众	360	4.9
家庭年收入情况	100 万元以上	131	1.2
	50 万～100 万元	159	2.8
	20 万～50 万元	517	7.0
	10 万～20 万元	1204	16.3
	5 万～10 万元	1739	23.5
	1 万～5 万元	2402	32.5
	1 万元以下	1237	16.7

（注：统计数据以实际填写的为准，信息漏填的未予统计。）

（5）调查结果分析

本研究以“非常认同”“认同”和“一般”三项数据的总和作为认同度指标，以5分制评分作为认同值指标。大学生对社会主义核心价值观的总体认同度处于较高水平，总体认同度为81.50，总体认同值为3.51，呈现出积极向上的价值风貌，但也有近1/5的大学生持不认同或不太认同态度。就大学生对社会主义核心价值观的认同层次来看，最高的是认知认同度，其次是价值践行度，再次是知识知晓度，最后是情感认同度。值得注意的是，大学生对社会主义核心价值观的高度知晓和高度情感喜好的比例相对较低，并且日常对理论信息了解的主动性又比较低，这透视出大学生对社会主义核心价值观的认同或许不是源于自己的理性了解和情感喜好，而是一种朴素性认同。

本研究继续运用方差分析、卡方检验，对大学生社会主义核心价值观认同的人口统计学特征进行分析。从性别来看，不同性别大学生对社会主义核心价值观的知晓度和认同度不存在显著性差异（$P>0.05$）。从学历层次来看，不同学历层次大学生在认知认同度方面不存在显著性差（$P>0.05$），在其他维度存在显著性差异，其中硕士生高于博士生，博士生又高于本、专科生（$P<0.05$）。从年级来看，从大一到大四，知识知晓度有明显提高，但是认同度却在二年级下降到低谷，而后在三年级上升到顶点，最后在四年级又降至与大一持平的水平（$P<0.05$）。从学科专业来看，人文学科和社会学科大学生的知识知晓度最高，但是认同度却一般；工科、医科类大学生知识知晓度一般，但是认同度却较高；理科类大学生的知晓度和认同度各方面都处于低值（$P<0.05$）。从政治面貌来看，大学生党员的知晓度和认同度均最高（$P<0.05$），大学生团员

和群众之间却没有统计学意义的差异（$P > 0.05$）。从家庭居住地来看，城市大学生与农村生源大学生相比具有较高的知晓度（$P < 0.05$），但却没有较高的认同度（前者大于 0.05）。从家庭经济收入来看，家庭经济收入在中等水平的大学生知识知晓度和认同度最高，收入较低的大学生的知识知晓度较低但认同度较高，然而收入较高的大学生的知晓度和认同度却最低（$P < 0.05$）。

大学生社会主义核心价值观的知识知晓、认知认同、情感认同和价值实践是一个环环相扣、层层递进的提升过程。调查显示，如表 4.3 所示，大学生社会主义核心价值观知识知晓度、认知认同度、情感认同度、价值实践度和总体认同度相互之间 Pearson 相关系数在 0.163 ~ 0.750 之间，双侧显著性检验的概率 P 值均为 0，小于显著性水平 0.05。因此，大学生社会主义核心价值观知识知晓度、认知认同度、情感认同度、价值实践度和总体认同度相互之间均具有显著性正相关关系。

表 4.3　大学生社会主义核心价值观认同过程的相关性分析

	知识知晓度	认知认同度	情感认同度	价值践行度	总体认同度
知识知晓度	1				
认知认同度	0.382**	1			
情感认同度	0.217**	0.379**	1		
价值践行度	0.223**	0.388**	0.163**	1	
总体认同度	0.728**	0.750**	0.648**	0.597**	1

注：* 表示在 0.1 水平显著，** 表示在 0.05 水平显著，*** 表示在 0.01 水平显著

本研究可以得出大学生社会主义核心价值观认同影响因素的作用机制：在大学生内在思想转化和实现理论认同过程中，不仅仅社会主义核心价值观知识知晓起到直接作用，政治观、

社会思潮、生活满意度、人生观等间接因素也具有相当程度的意义，特别是政治观在其中起到了显著的中介变量的作用。

第二节　新时代大学生社会主义核心价值观认同的成效分析

基于数据调查，可总体看出新时代大学生社会主义核心价值观认同呈现良好态势，概括起来为理论认同度较高、情感认同度较高、自信度较高、整体认知度较高。

1. 对社会主义核心价值观内涵的理论认同度较高

看得出来，大学生对社会主义核心价值观 12 个词的内涵理解达到了较高的认同水平。根据调研结果，大学生对社会主义核心价值观内涵认同度分别为 4.36 ±0.745、4.35 ±0.754、4.52 ± 0.635、4.48 ± 0.659、4.36 ± 0.677、4.10 ± 0.931、4.31 ± 0.690、4.33 ± 0.678、4.50 ± 0.636、4.46 ± 0.652、4.45 ±0.646、4.41 ±0.653，表明自社会主义核心价值观“三个倡导”提出以来，大学生的整体培育工作较有成效，基本达到了较高水平，上升到了理性认知阶段，从大学生对于 12 个词的内涵认同比例中可以明显得出这个结论，如表 4.4 所示，认同与非常认同的比例分别为：89.22%、89.04%、95.13%、93.74%、91.48%、80.70%、90.00%、90.61%、94.70%、93.91%、93.56%、93.65%。

表 4.4　大学生社会主义核心价值观内涵认同情况表

选项	认同（%）	非常认同（%）	合计（%）
富强	40.00	49.22	89.22
民主	40.00	49.04	89.04
文明	37.30	57.83	95.13

续表

选项	认同（%）	非常认同（%）	合计（%）
和谐	38.00	55.74	93.74
自由	45.83	45.65	91.48
平等	42.87	37.83	80.70
公正	47.83	42.17	90.00
法治	47.22	43.39	90.61
爱国	38.09	56.61	94.70
敬业	40.26	53.65	93.91
诚信	40.78	52.78	93.56
友善	45.48	48.17	93.65

2. 对社会主义核心价值观的情感认同度较高

从数据中知大学生对社会主义核心价值观表现为较高的知晓度和较高的情感认同度。具体地，大学生对于社会主义核心价值观内容、内涵和基本精神的知晓度高达86.43%，对于社会主义核心价值观的重要意义的了解、理解和认同程度也高达83.48%。这一结果表明一段时间以来社会主义核心价值观宣传教育工作已经达到了入耳、入眼、入脑、入心的效果；同时，大学生对于社会主义核心价值观的情感认同度相比于其他维度较高（见表4.5），表明新时代大学生对于社会主义核心价值观有情感“共鸣”，在情感上倾向于“亲近”，也反映社会主义核心价值观的价值内核是与广大学生的价值追求相契合的，它是符合具有较高认知水平与判断力的大学生的主体需要的。

表 4.5　大学生社会主义核心价值观认同量化分析

	均值（*M*）	标准差（*SD*）
认同总量表	4.04	0.44
认知认同量表	4.16	0.52
情感认同量表	4.40	0.53
行为认同量表	4.04	0.51

3. 对中国特色社会主义自信的程度较高

在“您为什么要学习社会主义核心价值观?”这一问题的回答中，如表 4.6 所示，91.36% 的学生表示为了提高自身修养；4.11% 的学生是为了应付考试。在其他这一选项中，部分同学表示因为爱国，社会主义核心价值观是“使社会变好的一种价值观，我们向它靠近有现实必要性和重要性”，更是为了“社会主义事业的一个目标”。数据表明绝大多数学生认同社会主义核心价值观的现实价值和时代意义，经过分析可知其深层次心理原因是对于中国特色社会主义自信。因为自信，所以觉得其有意义。作为新时代党和国家各项事业发展和社会生活的重要价值准则，它不仅对于每个人的自由全面发展有意义，对于整个社会的有序运行有重要价值，而且对于整个中华民族的繁荣振兴、伟大复兴都具有重大意义。

表 4.6　大学生对社会主义核心价值观意义认知的分析

您为什么学习社会主义核心价值观	比例（%）
提高自身修养	91.36
获得荣誉	0.71
应付考试	4.11
被迫学习	2.55
其他（请注明）	1.27

为深入了解大学生中国特色社会主义“四个自信”的具体情况，采用单项量表的形式进行考察，并佐之以访谈形式。

通过调查数据分析，新时代的大学生对于“四个自信”各个维度的认同比例皆较高，道路、理论、制度、文化的认同比例分别为 88.44%，88.96%，89.91%，88.96%，对于中国特色社会主义的优越性总体认同比例也达到 84.52%（见表 4.7）。这可以充分证明新时代大学生对中国特色社会主义“四个自信”认同程度较高，进一步表明社会主义核心价值观认同教育在一个阶段内收到了良好效果，阶段性成效显著，阶段性经验很值得在研究的基础上进行总结，作为下一阶段认同教育的指南。

表 4.7　大学生对中国特色社会主义“四个自信”认同情况表

选项	认同（%）	非常认同（%）	合计（%）
总体认同	37.30	47.22	84.52
道路认同	31.57	56.87	88.44
理论认同	30.26	58.70	88.96
制度认同	29.91	60.00	89.91
文化认同	29.39	59.57	88.96

4. 对社会主义核心价值观的整体认知度较高

在对社会主义核心价值观的整体认知情况调查中，针对“您知道社会主义核心价值观包含以下哪几个层面吗?”的问题，如表 4.8 所示，97% 以上的大学生能正确的选出社会主义核心价值观包含国家、社会、个人三个层面；针对“您知道社会主义核心价值观都有哪些内容吗?”这一问题，95% 以上的学生能准确选出社会主义核心价值观的具体内容。针对“您了解社会主义核心价值观的具体内涵是什么?”这一问题，大多数学生能够基本把握社会主义核心价值观的具体内涵，模糊者或不知道者居少数。这归功于知识宣传工作。

表 4.8　大学生对社会主义核心价值观整体认知情况统计

您知道社会主义核心价值观包含哪几个层面吗	比例（%）
国家	98.87
社会	98.02
家庭	41.78
个人	97.17

第三节　新时代大学生社会主义核心价值观认同存在的问题分析

本次调研结果表明，国家、社会、学校对于大学生群体的社会主义核心价值观培育工作是取得显著成效的，但同时也发现了一些问题，为我们今后的工作提供了经验借鉴、偏差纠治和方向性指引。

1. 大学生对社会主义核心价值观认同群体内差异性较明显

调查研究发现，大学生群体内部存在着对于社会主义核心价值观认同的差异性。对社会主义核心价值观总体认同与具体的三个维度认同分别进行样本基本情况变量的差异检验，发现群体内存在一系列差异。表现为：不同地区高校大学生的总体认同与具体的三个维度的认同皆表现出显著性差异，总体趋势为中部地区的认同度高于东西部，而东部地区高于西部地区。是否信仰宗教对于社会主义核心价值观认同有着明显影响，总体趋势为无宗教信仰的大学生更加认同社会主义核心价值观，有宗教信仰的大学生对社会主义核心价值观的认同度明显低很多；学生身份对于社会主义核心价值观认同也在发挥作用，学生干部、学生党员对社会主义核心价值观的认同度明显高于普通学生。

平时是不是关注国内外政治时事是一个影响因素，总体趋势为经常关注时政的大学生对社会主义核心价值观的认同程度显著高于不关注时政或者关注时政少的同学；生活状态和自我认知在认同上起着一定作用，总体趋势为生活状态较好即有着明确的人生目标或积极的生活态度，也可表述为有着较高的生活满意度的大学生认同程度显著高于其他同学；另外，宣传和教育载体对大学生社会主义核心价值观认同也有着明显影响，超过三分之一的大学生表示自己的思想状态和认识水平明显是受到家庭、教师、社会实践、网络社会等的影响，不同环境中的学生对于这些因素的影响力排序也各有差异，但总体上，家庭、教师和网络排在前三位。

此外，大学生群体对“四个自信”的认同度也表现出内部的显著差异性，包括年级差异性、政治面貌差异性、身份的差异性。就年级差异性来说，从大一到大三总体认同度呈逐年上升趋势，到了大四学习阶段认同度相对出现一定幅度的下降①，但依然高于大一的认同水平，表明高校的社会主义核心价值观教育是取得显著成效的；其次，大学生党员对于“四个自信”的总体认同度与非党员表现出显著性差异，而且在道路、理论、制度、文化“四个自信”的单个认同度方面均高于非党员，表明高校大学生党员的选拔、培养工作取得了实效，从侧面体现抓大学生入党建设对于其认同社会主义核心价值观有着正向的刺激作用；最后，学生干部对于“四个自信”

① 根据座谈和数据结论分析，大四学生在社会主义核心价值观认同方面之所以出现波动，很大一部分原因是源于就业与毕业的现实压力。这是一个短暂性的阶段性的现象。

的认同度与普通同学相比，表现出显著差异性，而且在道路、理论、制度、文化“四个自信”的认同度方面均高于普通学生，表明学生干部的思想政治觉悟整体水平较高，也可一定程度上说明让大学生担任班干部或者社团、协会负责人能够更快提高其思想认识水平，更好地使其在校园生活中发挥朋辈作用。

2. **大学生对社会主义核心价值观的理论认同和行为认同存在隔膜**

大学生对社会主义核心价值观的认同表现为高知晓、高情感，但这并不意味着高度的实践力和实践效能，高达85.3%的大学生表现出强烈的主体践行意愿，但只有58.0%的大学生愿意把核心价值观落实到实际行动中，存在知行不一、知行脱节的现象。大学生在行为层面“认同掉队”，表明了当前大学生对于社会主义核心价值观的认同还存在着“知行不统一”的问题，即使有认识、有意识甚至有行动意愿，却出现行动力偏差，要么不去做，要么做的力度和程度不够。这昭示了当前和下一阶段的大学生社会主义核心价值观培育工作的重中之重。

对于“诚信”的理解，有93.56%的受调查者认同诚信的内涵：第一，诚实，即实事求是，与人交往不欺骗、不隐瞒，经商不出尔反尔、不欺瞒消费者，为官不欺上瞒下、不贪污腐败，等等。第二，守信，一诺千金，言必信，行必果，用信誉赢得一切。但同时被调查者中仅有51.39%的比例认为“我周围的同学都很诚信”，仍有20.26%的受调查者认为“一个人太诚信容易吃亏”，这就是理性与现实错位的一种体现，要求是提给别人的，特权是留给自己的[①]。这在大学生对“公正”的态度上也得以印证，90.00%的大学生赞同公正的内涵，包括：其一，它涉及经济公平，政治、文化平等以及社会公正等各个方面的内容；其二，它表现为以程序正义为核心的法治精神；其三，它体现于国家在法制基础上对社会利益的调控，但“在公正待遇与特殊优待中，我更愿意被优待”的题项调查中，仅有29.39%的大学生表示不认同，这也体现出大学生们对于社会公正的期许与渴望自己被优待的现实悖论。

理论认同和行为认同的隔膜并非只是大学生社会主义核心价值观认同教育存在的问题，它是思想意识教育共生的问题。就目前的情况来看，大学生社会主义核心价值观认同教育在理论层面取得了显著成效，但在由理论落实到行动方面还有所欠缺。所以，在接下来的工作中，既要从思想意识教育规律共性方面着手，也要从社会主义核心价值观认同教育自身特点出发，不断促进理论认同向行为认同科学转化。

3. 多元文化背景下大学生对社会主义核心价值观存在价值认同危机

通过调研可知，近些年对大学生社会主义核心价值观认同教育的工作效果是显著的，就大学生这一群体的整体来看，认同度是比较高的。成绩要肯定，经验要总结，但问题也必须正视。整体向好，但局部问题还存在，甚至有些问题比较棘手，

---

① 当然，这个现象（问题）并非大学生群体的个体性弊病，而是整个社会中存在的偏差。大学生深处社会之中，难免会受到或者很大程度上受到影响。这一社会问题给大学生认同社会主义核心价值观造成了不小的困难。所以，这也警示我们，做好大学生社会主义核心价值观认同教育，需要营造一个风清气正的社会氛围。而这一目标的达成，需要全社会共同努力。

尤其是在全球化与多元文化的大背景下，大学生中的一些个体面临价值观选择障碍，在多元价值碰撞中出现了价值认同危机。目前发现的其中几个问题值得高度重视：

第一，对于中华优秀传统文化的认知存在一定程度的疏离。调查发现，在对中华优秀传统文化认同的主流之外，8.77%的大学生不认为中华文化具有强大的向心力，8.17%的大学生并不认为“我们拥有文化自信的资本与底气”，5.91%的大学生并不以中华文明引以为傲，5.29%的大学生对中国的传统文化存在一定的淡漠与疏离感。大学生中11.83%的人并没有建立起对于中国特色社会主义文化的自信和认同，更有4.17%的大学生明确表示自己热衷于日韩文化、西方文化，主张中国全盘西化，还有8.09%的大学生对此表示中立。4.00%的大学生认为“全球化背景下，爱国主义已经过时了”，另有6.26%比重的大学生对此表示中立。

第二，对于中国社会的主流意识形态认同存在一定程度的弱化。调查发现，只有31.78%的大学生明确表示自己“信仰马克思主义”，29.82%的大学生并不完全认同马克思主义的科学性，也不认为未来信仰马克思主义的人会越来越多，13.60%的大学生没有对“新时代大学生要树立对马克思主义的信仰”投出赞同票；26.66%的大学生并未明确表态“希望成为一名中国共产党党员”，仍有8.87%的大学生并没有建立起对于坚持中国共产党领导的高度自信，其中2.66%的大学生明确表示自己并没有意愿加入中国共产党。

第三，对于理想信念的设定存在一定程度的偏离。调查中发现20.78%的大学生表示自己“没有理想，没有明确的发展目标”，31.83%的大学生认为“读大学的目的在于找到好工作”，20.23%的大学生并不排斥自己成为“精致的利己主义者”；26.96%的大学生并不反对“宁可在宝马车里哭，也不在自行车上笑”的价值取向；12.52%的大学生并不认同“劳动创造财富”“劳动是财富的来源”；与此同时，16.78%的大学生认为“信仰不是人的必需品”“没有信仰照样可以活着”；54.52%的大学生认为周围的同学存在拜金主义、享乐主义、消费主义、个人主义、实用主义等等，也说明大学生群体该种取向比重较大，需要引起重视。

第四，对于国家、集体的归属感存在一定程度的游离。调查发现，17.83%的大学生并不认同“国家利益高于集体利益或个人利益”；3.91%的大学生不认同“今日中国正如我所愿”，另有22.00%的大学生对此持中立态度，认为“强国有没有我都行”“我对于集体没有什么价值”；被问到“对党的十八大以来中国政府的工作是否感到满意”时，17.37%的大学生持否定意见或中立立场；面对重大问题，有73.21%的大学生明确表态“始终站在国家立场上考虑问题”，另有3.22%的大学生明确表示不认同该立场，23.57%的大学生对此表示中立。

第五，对于多元文化中的价值选择存在一定程度的迷茫。调查发现，61.87%的大学生表示自己“没有明确的信仰”，35.17%没有明确人生目标，8.83%生活态度不积极，12.87%对生活不满意。有一些大学生承认自己患有“空心病”，无所适从。调查发现，一些大学生随大流，严重缺乏理性思考，要么易被“带节奏”，要么持有所谓的“佛系”“躺平”心态，对很多事情表现出无感或漠然的态度。

第四节 制约新时代大学生社会主义核心价值观认同的因素分析

新时代大学生处于“世界百年未有之大变局”中，伴随着“世界怎么了，中国应该怎么办”的时代之问，新时代的大学生也面对着“我究竟处于一个怎样的世界，怎样的时代，我该怎么办”的问题。前已所述，正是因为世界的多维性，这样的“一”与“多”的嬗变，才使得“认同”成为问题，而今世界的复杂性更增加了认同的难度与复杂性。

1. 世界大变局下的价值取向多元化

习近平总书记在2018年召开的中央外事工作会议上对当今国际时局做出判断，指出“当前，我国处于近代以来最好的发展时期，世界处于百年未有之大变局，两者同步交织、相互激荡”①。“大变局”之下，世界文化交流、交融、交锋，多元意识形态碰撞、纷争，其各自所倡导的价值观必然会对大学生社会主义核心价值观认同的形成产生干扰与冲击。

第一，全球化与逆全球化交叠。新航路的开辟使原本各自为政的大陆连通为现代意义上的世界，作为资本主义殖民步伐在全球的开始，客观上加深了各国彼此间的联系，也使落后国家成为发达国家的附庸，殖民地、半殖民地成为宗主国的原料产地和产品倾销地。伴随着独立运动的兴起与经济的发展，附属国的地位发生变化，世界秩序渐趋正常化。发展至今，世界

---

① 习近平．在中央外事工作会议上强调坚持以新时代中国特色社会主义外交思想为指导努力开创中国特色大国外交新局面［N］．人民日报，2018－06－24（01）．

面临前所未有的大变局，一方面相互联系的世界更为紧密地发展为休戚与共的“人类命运共同体”，逐步形成“人类命运共同体”意识[①]；另一方面英国的脱欧、美国的贸易保护主义等逆全球化事件[②]，让大学生们看到全球化进程中机遇与挑战同在，由此产生价值困惑，甚至价值混乱与冲突。提到“全球化”，通常人们更多地想到的还是经济全球化，但实际上，伴随着全球化的深入发展，国与国之间的联系空前密切，全球化的影响也渐渐突破单一的经济层面，席卷文化、社会生活等各个层面，尤其以互联网为代表的信息技术的迅猛发展，使商品、资本、人才、信息等的流动呈几何倍数增长。

就思想文化层面而言，全球化时代的到来，使得任何个体都不可能一直生活在一个封闭的环境里，做一只将头深埋土里的鸵鸟。在全球化时代的背景下，各国之间共同利益是越来越明显的，如新冠肺炎疫情肆虐全球，“全世界人民命运与共，风雨同舟”“疫情提醒世界共同构建人类命运共同体，人与人之间的内心情感、文化交流等互联关系将因此更加紧密，而不仅仅像过去那样交往大多集中于贸易与投资”[③]。但同时各类文化的涌入，引起多元文化侵袭，个体自我意识的萌发，人们遭遇前所未有的认同危机，特别是“文化上获得话语和实践双重能力”[④] 成为考验。多元文化刺激了人们对于文化认同的思索，也给文化认同带来了挑战。这就要求一方面客观分析文

---

① 高杨．逆全球化的实质与应对之策［J］．人民论坛，2019（14）．

② 甘子成、王丽荣．逆经济全球化现象研究：理论基础、本质透视及应对策略［J］．经济问题探索，2019（02）．

③ 许庆琦．呼唤更具人文关怀的新全球化时代［N］．光明日报，2020－05－19（12）．

④ 恩佐·科伦波．多元文化主义：西方社会有关多元文化的争论概述［J］．国外理论动态，2017（04）．

化环境，厘清多种文化对于大学生社会主义核心价值观认同产生的种种影响，为对策提出提供研究基础；另一方面着力明晰文化认同的形成逻辑，搞清楚主体性与主体间性的网状结构、外在建构与内在需要的交互作用，为社会主义核心价值观认同理通逻辑。

第二，西方意识形态侵袭与渗透。我们的核心价值观建设取得了阶段性成绩，但自身竞争力尚待加强，文化的国际影响力和辐射力还明显处于劣势。与之相对应，以美国为首的西方国家依靠其强大的经济、科技、语言优势，大肆向全球进行价值观输出。比如美国以文化输出为载体进行意识形态渗透，多数美国影片采用英雄主义模式强化美国的“世界警察”身份，蕴含的观念倾向显而易见，即“只有美国才能拯救世界”。美国还以赤裸裸的文化侵略对我国进行和平演变，试图颠覆中国青年的价值观①，美国中情局的“十条诫令”就是最有力的证明。尤其是近年来，面对中国的迅速发展，西方国家又炮制了中国梦就是“扩张梦”“霸权梦”等一系列“中国威胁论”的变种，并进一步预言中美会跌入所谓大国冲突对抗的“修昔底德陷阱”。其煽动意识形态尖锐对立的野心昭然若揭，对青年大学生的价值观产生不利影响。

基于此，必须指出的是经济一体化与政治多极化使得国与国之间的联系更加紧密，牵一发而动全身，战争爆发就注定没有赢家；同时，面对世界百年不遇的大变局，没有哪个国家能够独自应对人类面临的共同挑战，全球命运与共、休戚相关，唯有构建人类命运共同体，方能建设“持久和平、普遍安全、

---

① 李松林．培育核心价值观与凝聚社会正能量［EB/OL］．宣讲家网，2014－12－23. http：//www. 71. cn/2014/1223/793795. shtml.

共同繁荣、开放包容、清洁美丽"[①] 的世界。中国梦的提出也绝非特立独行，回首整个世界史，先后出现了五个世界性的"梦"，从罗马梦、长安梦、伦敦梦、苏联梦到美国梦[②]，每一个"梦"都是在其社会形态具有典型意义的时候出现的，而中国当前就处在这样一个关键时刻。因此，中国梦作为一个世界性的国家梦，它的提出具有中国发展的必然性，也体现了世界大国发展的普遍性与必然性。

近些年来，一些国家抛出了"普世价值"之说，肯定地说人类是有共同的价值追求的，但现在的"普世价值"却被某些文化强国赋予了特殊意义，成为具有标签化的价值取向和"文化强权"的代名词，"为和平演变战略所用"[③]，这是赤裸裸的意识形态侵略，其背后的目的昭然若揭。他们借鼓吹自身价值的所谓"普适性"，推演出西方道路的唯一合理性，以达到否定中国道路，清算西方社会眼中"他者"的目的。基于此，我们当前应着力提升我国核心价值观自身的认同力、竞争力，在价值观外交中争得优势，增强其对于中国道路自信的现实功能。

2. 大学生价值选择自发与自觉间的隔阂

新时代大学生具有群体性特点，彰显出这个群体区别于其他群体的主体个性，群体性特点是在分析其对社会主义核心价值观认同现状、成因中必须考量的主体维度。

---

① 习近平出席中华人民共和国恢复联合国合法席位50周年纪念会议并发表重要讲话［N］. 人民日报，2021-10-26（01）.

② 任天佑. 深入学习领会习近平总书记关于中国梦重要战略思想［EB/OL］. 人民网，2014-05-23. http：//www. 71. cn/2014/0523/769848. shtml

③ 唐利如. "普世价值"的理性解读［J］. 红旗文稿，2014（9）.

第一，新时代大学生思维活跃，富有创新精神、探索精神与理想主义情怀，同时价值观处于逐步成熟完善阶段，思想更积极活跃，心态更开放，更易于接受新事物，个性张扬、主体性更突出，更注重自我实现。大学生作为具有较高知识水平的群体，具备较强的思辨意识与主体自觉，对大学生开展社会主义核心价值观认同教育必须基于大学生群体的自身特点，不能“上下一般粗，左右一个样”。大学生习惯于从自身的经历、自以为正确的立场以及对世界的理想观感来审视世界，在实然世界与应然世界的落差之间常常表现出一定的认知局限、情感的缺乏以及行动的无力，大学生对社会主义核心价值观内涵与现实性认同度的不平衡性就是一个明显的表现。

第二，作为“数字居民”的主体性表达与被裹挟。微博、微信、微视频、微支付、微商、微贷等的出现与广泛蔓延已经使得“微”成为理解这个新时代的关键词①，微媒体已经悄然影响和改变了我们的经济、政治、文化、社会生活的各个层面。2019 年中国网民突破 9 亿，其中 99% 的用户使用手机上网。大数据分析表明，现代人平均每 13 分钟看一次手机，对手机的依赖程度可见一斑。当今的大学生正是伴随着互联网长大的一代，因此也被称为“数字居民”。对于个性张扬、崇尚自我的新时代大学生而言，他们满怀欣喜地拥抱这个“微时代”带来的丰富与便捷，驰骋于这个赋予他们更多表达和交流空间的微时代，但从某种程度上来说，他们也被这个微时代所绑架和异化，每天大量的时间花在看微博、微信、抖音、快手、淘宝上，患上了手机“依赖症”。调查发现，近三分之一的学生经常打游戏，

① 李小玲．“微时代”大学生网络行为新样态与引导策略［J］．思想理论教育，2019（03）．

每天使用手机社交应用时长在3小时以上的比例为76.79%，其中有五分之一使用时长甚至在5小时以上，占到除去睡眠以外时间的三分之一左右，有超过四成的大学生每天超过4小时的时间花在看微博微信、刷朋友圈、玩抖音上。

研究发现，社交网络和App使用的数量越少越认同社会主义核心价值观。说明在当今这个大众麦克风时代，各种观点相互碰撞，“各种思想文化相互交织”① 成网络的舆论场，在一定程度上消解了社会主义核心价值观的认同力。身处网络漩涡之中的大学生们使用的社交App越多，越被海量的、碎片化的、无序的信息裹挟，出现价值取向的迷茫与混乱，变得无所适从，进而造成个体心理层面的价值冲突与行为方式的不确定性。“社交媒介杠杆”使信息呈几何倍数地在移动网络平台上肆意增长，“社交媒介”的效用被极大凸显，但其是一把双刃剑，既使得筹款、阅读变得方便快捷，也让裸贷、碎片化阅读、价值虚无侵蚀个体，使主体陷于偏颇，甚至走向空虚与堕落。因此，如何从新时代大学生的需求侧出发占领网络制高点，掌握网络话语权，发挥好、运用好网上传播阵地的网络育人功效成为微时代赋予我们的新课题。

3. 社会现实性和大学生理想性之间的矛盾

习近平总书记在党的十九大上庄严宣告，经过长期努力，中国特色社会主义进入了新时代，这是我国发展新的历史方位。新时代是指中国特色社会主义的发展新阶段，这是党的十九大对于我国当前所处的历史方位的新判断。中国特色社会主

---

① 汤菊平．构建立体模式，增强大学生社会主义核心价值观教育实效性研究［J］．改革与开放，2012（22）．

义进入“新时代”的主要标志是“三次伟大飞跃”，“新时代”具有多维度的典型性，包含着综合国力显著增强的新国力、国际影响力急剧提升的新地位、奋斗目标即将转换的新征程、主要矛盾发生转化的新矛盾；同时“新时代”之下，也表现出新的时代特征，成为大学生社会主义核心价值观认同的新的场域。

第一，社会主要矛盾投射的不平衡性、不充分性。从现实的角度看，一方面新中国成立以来，经过70余年的长足发展，已经打下了雄厚的物质基础，综合国力显著增强，人们的生活水平大幅度提高，体现在吃、穿、住、用、行各方面。几十年的积累为中国特色社会主义在新时代的发展提供了高起点，也以雄辩的事实证明了中国道路的正确性。一年两年的发展也许存在一定的偶然性，改革开放以来40余年的稳健发展，足以向世界展示中国道路的科学性与必然性。身处新时代的“00后”大学生在国家的蓬勃发展中树立起了空前的民族自信心与自豪感，中国共产党、中国特色社会主义拥有了充分的自信，对社会主义核心价值观建立起了情感认同和强烈的践行意愿。另一方面一个国家和社会的发展是一个螺旋式的上升过程，旧的问题解决了，还会有新的问题出现。经过长足发展，人们的需求已经发展为对美好生活的向往，今天需要解决的不是吃饭穿衣问题，而是“不平衡、不充分”发展问题。不平衡不充分体现在东中西部、城乡的发展不平衡，西部发展的不充分，农村发展的不充分。这些问题对敏感的大学生有着深刻影响，体现在大学生对于社会主义核心价值观现实性认同度表现出的不平衡性上。

第二，文化发展的阶段性与自身特性。马克思主义认为“人的本质并不是单个人所固有的抽象物。在其现实性上，它是一切社会关系的总和”[①]。一个人作为社会存在物终其一生都在解决人与物、人与人、人与社会、人与自然、人与自身的关系问题。“五位一体”的总体布局就是着眼于以上五大关系问题，其中，经济发展的各项举措就是在解决“人与物”的关系问题，使人不为物的匮乏所累。政治、社会、文化、生态四大领域的建设所要着力解决的也正是“人与社会、人与人、人与自身、人与自然”[②] 的关系问题，着力于“实现经济、社会、环境协调发展，实现人与社会、人与自然和谐相处”[③]。这就需要我们立足现实，研判来自发展新阶段的挑战，聚精会神搞建设，一心一意谋发展，唯有把国家建设得更好，由经济基础投射到精神文化的上层建筑才更有底气、支撑、信心。研究表明，越认同中国特色社会主义道路、理论、制度、文化，就越认同社会主义核心价值观，其中文化的标准回归系数最高，影响力也最大。

社会主义核心价值观是在物质文明建设取得阶段性成效的情况下，对于国人精神世界的关注，它聚焦的是“如何解决个人与国家、社会、职业、自身、他人的关系”五个方面的问题。核心价值观是文化的核心，近年来国家把文化自信提升到了第四个自信的战略高度，表明文化重要的同时也说明我国的文化建设任重而道远，树立文化自信还有一段路要走。国人的文化自信走过了从古代的高度自信、到近代的自信被击碎，再到新中国成立渐渐重拾自信的发展过程。近代中国被西方文

① 马克思恩格斯选集（第1卷）［M］. 北京：人民出版社 1995 年版，第 56 页.

② 周蓉辉. 马克思恩格斯关于人与自然和人与人的社会关系理论［J］. 学术论坛，2011（02）.

③ 习近平. 谋共同永续发展 做合作共赢伙伴[N]. 人民日报,2015－09－27(02).

明打落谷底，而后不断向西方文明学习寻找国家出路，在这个过程中文化自信被丢失。文化发展是一个漫长的循序渐进的过程，人的素质提升、思想的转变与文化一样不可能一蹴而就。历史与现实表明文化发展有其自身规律，不可能有“速成班”，更不可能跳跃式前行。大学生社会主义核心价值观认同培育必须遵循这样的规律。

第三，传统、现代与后现代的共时性。当今世界正处于一个由现代走向后现代的历史转折时期，正处于现代与后现代之间的新的未知领域，或者说一个广阔的历史间隙地带。这一历史位置意味着我们必然遇到前所未有的问题、困境与差异。后现代转向虽然已经出现，但它作为一种新兴事物，还没有在社会中占据主要地位，待充分地展开、成长和成熟。当今中国正处于两个转向中，一是传统到现代，二是在对后现代的展望中实现现代化。不能简单认为我们已经进入“后现代社会”，个体化、世俗化、工业化、文化分化、商品化、城市化、科层化和理性化等仍然主导着世界。当前我们正共时性地体验着现代与后现代的诸多性征，在“一”与“多”的对撞与断裂中，新时代大学生面临的是空前眼花缭乱的选择与纷繁复杂的世界。对于当前的中国而言，必须正视和研究现代性与后现代性转向的问题，探讨后现代的话语方式。此外我们也不能割断历史，将后现代视为孤立的文化事件。在全球化和信息化时代背景之下，后现代性并非中国的“主流”，但这股“支流”能够反照“主流”，能够让我们更清醒地评估现代化事业。我们正在共时性地体验着传统、现代、后现代，更有理由在强调现代的价值理念的同时，警觉后现代对现代某些方面的反思，同时也要注重吸收传统中的现代因素。故此，无论是现代的还是后现代的思路都是有益的视角。

第四，各类社会思潮的交织与激荡。当前，我国核心价值观认同面临着物化意识、工具理性、信仰缺失、核心价值观影响力不强等现实困境。伴随着市场经济的大发展，人们开始追逐金钱与物质。人固然离不开物质，然而当物质已经代替理想、道德，衍生出“物的逻辑”① 成为驱动人们行为选择的重要标准的时候，人类为了追求物质而付出的精神代价就显得格外惨烈。人们在工具理性的思维模式下，对曾经坚信的高尚信念开始怀疑，社会主义核心价值开始遭受冷遇，没有谁能为“价值的危机”“意义的消解”以及“信仰的缺失”买单，这是社会主义核心价值观所面临的又一大挑战。如何在核心价值观视域下增强大学生们对中国道路的信心信念，成为关系中国道路的重要内容。值得我们格外关注的就是当前国内各类思潮相互激荡，它们大多披着理论的、经济的、文化的外衣，实际上无论是西方“宪政民主”、新自由主义，抑或是历史虚无主义等都剑指中国社会的发展道路，试图改变中国道路的现行方向。“意识形态决定文化前进方向和发展道路”②，道路问题更是关乎一个国家兴衰成败的关键性问题。

正是在这个多元多样的社会现实之下，富有主体性又易于接受新事物、对实现人生发展有着强烈渴望的大学生们面对应接不暇的外部环境，陷入了一定程度的价值冲突之中，出现了一些迷茫或盲目追随倾向的大学生群体中的一些对现实的无感、及时行乐、现实主义倾向等问题。这些问题与没有树立坚定的理想信念有关，也与正值拔节孕穗期的人生发展阶段成长之间没有得到很

---

① 营立成．“物”的逻辑 VS“人”的逻辑——论鲍德里亚与鲍曼消费社会理论范式之差异［J］．社会学评论，2016（05）．

② 方世南．“意识形态决定文化前进方向和发展道路”的唯物史观意蕴［J］．北方论丛，2019（06）．

好的回应有关。意识是对存在的反映，正是来自现实的外在价值冲突导致了大学生价值观领域的内在矛盾，表现为一定程度的价值选择迷茫、价值情感的冷漠，甚至价值信仰的缺位。这些问题值得高度重视并且必须在一定时期内得到解决。

第五章　新时代大学生社会主义核心价值观认同教育内生性路径

在文化价值观念日益多样化的背景之下，如何倡导和确立核心价值观，进而增进大学生的文化认同感、价值认同感，成为摆在教育工作者面前的一个现实而紧迫的问题。深化新时代大学生社会主义核心价值观认同教育，可利用好课堂教学、“需求侧”等内生性路径。

第一节　牢守新时代大学生社会主义核心价值观认同教育主渠道

课堂教学是高校思想政治教育的主渠道和主阵地，也同样是大学生社会主义核心价值观认同教育的主渠道和主阵地。抓好课堂教学的主渠道，就是要在教学方法、教学思路、教学场域等方面下功夫。

1. 强化大学生社会主义核心价值观认同教育课堂教学

课堂教学是高校思想政治教育的主渠道和主阵地，与其他课程相比，思想政治理论课教学具有一定的特殊性。它不仅要完成理论知识讲授的教学任务，还要实现情感教育和价值引导的教学目标。这就需要教师在进行理论讲解的同时，还要善于和学生面对面地进行交流，要实现“晓之以理”与“动之以情”相结合，既要“以理服人”，又要“以情感人”，最终达到释疑解惑和价值引导的教学效果。大学生社会主义核心价值观认同教育无论采用什么样的创新形式，即便线上教学的优势再明显，线下课堂教学都不能弱化。当然，线下课堂教学确实面临一系列问题，如说理讲解不透彻，教学过程形式化；理论与现实脱节，缺乏对社会现实问题的关注，教学内容表面化；照本宣科，脱离学生思想实际，教师自说自话；教学方法千篇一律、千人一面，缺乏针对性、落后僵化。因此，做好社会主义核心价值观认同教育，须聚焦问题、直面短板、疏通堵点，在线下课堂教学中做好创新化、精细化工作。

（1）探索专题式教学模式

高校思想政治理论课现行教材按照“05 方案”编写，体系明确，内容精炼，但不免存在着部分教学内容陈旧、重叠和知识点跨度较大的问题，影响了教学效果。要解决这个问题，可在教学内容上探索“教材式教学向专题式教学”的转变，使教学从原来的注重知识体系的完整性，转向注重专题教育的针对性。专题式教学，“将教学目标的实现，学生思想层面存在的理论困难、现实困惑与教学内容设计紧密联系在一起，主题鲜明、重点突出、教学针对性强，很好地解决了课程的吸引力问题”。[①] 从专题设计的版块来看，这种方式非常具有针对性和现实性。

专题式教学，顾名思义，指的是根据教学大纲的基本要求，根据学生学习的具体情况，按照课程内容的内在联系和逻

---

① 思政课也能“活”起来——东北师范大学思想政治理论课改革有实效［N］. 光明日报，2013－07－04.

辑关系对教学内容进行梳理、提炼、整合，形成既先后连接又相对独立的系列专题。围绕着专题确定教学方案、组织教学活动是专题式教学的主要特点。专题式教学模式，不仅在教学内容上改变了按教材章、节、目进行授课的传统授课方式，而且从学生的学习、生活、思想实际和社会热点问题中去捕捉、提取、总结和确立教学专题、重新编排教学内容、建构新的教学体系，它打破了过去一门课程完全由一位教师承担的教学模式，改为由学有专长或专事研究的不同教师实施专题教学。专题式教学的优势是很明显的，它既不会脱离教材，又能够“搞活”教材，突出重点；既可以发挥教师各自的优势，又能够把个人优势集合成综合优势；既可以形成多样化的教学风格，又能够“抓住”学生。

社会主义核心价值观认同教育开展专题式教学并不是一件说到就能做到的事，需要在探索上下点功夫，把握几个重要原则和方法：

第一，要注意所确定专题的全面兼顾。开展专题式教学的首要前提就是确定专题，筛选和确定专题具有极端重要性。确定专题时要从整体性、完整性和育人性上出发。所谓的整体性就是既要让学生理解、掌握并运用所学的理论知识，培养学生的理论思维，更要让学生掌握体现在所学理论知识中的立场、观点和方法，提高学生分析、观察和解决问题的能力。为了吸引学生的注意力而断章取义、舍本求末是最不可取的。所谓的完整性就是要立足于教材，不唯教材但也不离教材。教学大纲和教材有着严密的逻辑体系，专题的选择应取自于教材又可丰富教材，避免逻辑不清、内容破碎。所谓育人性就是要求专题确定时要牢牢把握认同教育的根本任务，要守好思想引导和价值塑造的底线。专题的选择和确定必须以这一根本目标为统摄，要强调知识性和学术性，更要突出育人性。这样才做到了不离本根，枝荣叶茂。

第二，要注意处理“单个”和“整个”的关系。专题式教学集单个教师的优势为课程的整个优势，使每一堂呈现给学生的课都是专业的精彩的课。但处理好单个和整个的关系是一个亟须解决的问题。在专题式教学中，教师往往只关心学生对自己专题的学习情况，轻视专题外的问题，而且教师上完一个专题后就完成了“任务”，导致师生接触很少，教师对学生总体情况的了解十分有限，根本上与社会主义核心价值观认同教育的育人宗旨相违背。因此，专题式教学要加强课程学习的统筹设计，“作业如何布置与批改，实践环节怎样设计与安排，如何实施课程考核，学评教怎样进行”[①] 等问题都必须有明确规定和实施，单个专题授课教师与整个教学群体之间应厘清关系、明晰权责。

第三，要注意专题式教学的落细。专题式教学模式是课堂教学的一种新尝试，其理念是新的，方向也是可取的。但要真正做出实效，就不能停留在宏观层面，而是要落细。具体来说，首先，加强教师集体备课。专题式教学更考验教师之间的合作，主讲教师团体是一个整体，应就“如何照应本门课程内在逻辑体系的完整性和各个专题之间相互衔接的合理性，如何进行专题内部结构的设计布局，如何吸纳、取舍、运用有关资讯和音像资料，如何突出和彰显题，如何及时沟通学生的学习情况，如何有效落实课程教学的总体要求”[②] 等问题加强沟

① 荆钰婷，谭劲松．高校思想政治理论课专题式教学模式新探［J］．思想理论教育，2010（23）．

② 荆钰婷，谭劲松．高校思想政治理论课专题式教学模式新探［J］．思想理论教育，2010（23）．

通与交流。其次，加强专题设计的规范化建设。每个专题的教学目的、教学方法、专题名称、主要内容、专题间的衔接等，都要“科学设计，精心施教，以社会主义核心价值观为统领，结合课程特点，将培育工作贯穿始终”①。专题内容的组织要处理好知识性与思想性的关系，内容的深刻性与趣味性、灵活性的关系，重点、难点与热点的关系。专题教学方法的选择要结合传统教学手段和现代教学手段，发挥学生的主体性，牢抓方法的有用性。最后，完善专题教学评价体系。专题式教学的评价优劣主要看专题设计是否合理，教学内容安排是否科学，教师的教学态度是否认真，教学方法是否得当等。通过这些方式，专题式教学才能在落细中不断落实。

（2）用好研讨式教学方法

传统思政课课堂教学多采用“老师台上讲，学生台下听”的灌输式讲授方式。师生之间缺乏有效的课堂互动，有些教师会组织一些诸如提问、答疑等课堂互动，但也多半是形式创新而已，深度交流因传统师生关系的限制而无法实现。这种情况的长期存在非但不能达到育人的目的，反而还会使学生产生逆反心理。虽然思想政治理论课教师队伍不断深化教研教改，但思想政治理论课被贴上的“枯燥乏味”“填鸭”和“照本宣科”等标签一直去不掉，一些高校思想政治理论课课堂到课率一般、抬头率不高、点头率更少。要解决这个问题，需要在讲授方式上探索“灌输式讲授向研讨式讲授”的转变，帮助学生由被动的知识接受者转化为主动的学习参与者，提升课堂教学中学生的参与度，用研讨式教学手段助力课堂教学主渠道

① 汤菊平．“马克思主义基本原理”课教学培育大学生社会主义核心价值观的思考［J］．湖南工程学院学报（社会科学版），2015（04）．

作用发挥。

研讨式教学方法实质是重构教学主客体关系，引入“翻转课堂”“研讨教学”等新的教学理念，通过开展课题研究、现场展示、互动讨论等多样化的手段实现线下课堂教学的总体性创新。研讨式教学方法赋予传统课堂更多的交流互动的教学功能，改变了教师尤其是思政课教师高高在上的“知识灌输者”“理论传输者”角色，实现了由“知识灌输者”“理论传输者”到引导学生开展研究式和讨论式学习的“课程导师”的身份转变。在研讨式教学中，学生也不再是“被动受教者”，而是课堂教学的“主动参与者”和教学内容的“积极研究者”。研讨式教学方法符合混合式教学的核心理念，是大学生社会主义核心价值观认同教育的必要途径，它不仅有利于培养学生的分析能力和研究意识，激发学生的学习自主性和积极性，而且有利于教师及时掌握学生的学习情况和思想动态，为教学内容和方法的改革创新提供依据，从而提升大学生对社会主义核心价值观的认同度。

研讨式教学是基于线上教学和线下教学相融合进行的“翻转教学”。这种“翻转”表现在两个方面，一是教学内容上的翻转，避开重复线上教学中的知识点，围绕重难点设置主题进行课堂讨论；二是师生互动方式的翻转，学生从线上教学中的接受者变成了线下课堂的“探索者”，教师从“主讲者”变成了组织者、聆听者和引导者。研讨式教学有一定的实施程序，具体来说可分成前期准备、过程实施和总结评价三个部分。

第一，前期准备。前期准备环节包括划分小组和设计论题。针对小组划分，全班学生每 5 人自由组合成课题小组，每个小组推选组长 1 名，负责该课题组的组织、分工、协调等工作，再由学习委员和各小组组长组成中心小组，负责各课题小组之间以及课题小组和任课教师之间的联络、协调和信息反馈等工作。小组的划分可根据学生规模的不同，具体选择方案。研讨式教学可分为小班研讨和大班研讨两种。比如清华大学思想政治理论课的研讨式教学通常在 30 人左右的小班中进行，通过“老师 + 助教”式的团队合作方式开展。各高校应根据校情、学情具体选择，不可盲目套用。针对论题设计，应根据思想政治理论课的教学内容，教学目标，理论重点、难点、疑点以及社会上的热点，筛选出若干论题。论题的选择既要紧扣教学内容，还要有新意，更要难易适度，高度控制在学生“踮一踮脚”可以够得着的程度。

第二，过程实施。研讨式教学的实施过程主要包括论题研究及小组讨论、课堂讨论两个部分。在论题研究和小组讨论环节，各小组按照设定的研讨计划进行合理分工，集体协作。每一位组员围绕自己所负责的子课题按照任课教师传授的方法进行独立探索，综合利用各种方式查找与课题相关的文献资料，并消化吸收、归纳演绎相关知识，形成自己的观点。每个小组在其组员个人研究的基础上定期进行交流、讨论、共同探究。教师要以平等身份深入每一组的讨论中去，鼓励每个学生发表自己的意见，经过交流讨论形成对研究对象的基本认识。教师要针对学生研讨中遇到的问题的难度进行适当、适时、适度的指导。在课堂讨论环节，各小组推举 1 名代表，用 15 分钟左右的时间向全班同学汇报本小组的课题研究情况，尤其是本小组研究得出的主要观点以及独到见解。汇报形式可以由学生自行选择。学生汇报结束后，由教师和同学有针对性地进行提问。这一环节学生是课堂讨论的主体，教师要以鼓励和肯定为主，并对典型问题进行指导。

第三，总结评价。总结评价具有激励、导向、奠基等作用。总结评价是研讨式教学最后一个环节，是提升认识层次、理论高度的重要步骤，研讨式教学要把总结评价工作做扎实，以客观、公正、科学的评价形成良好的研讨学习风气。每一次研讨结束后，教师都应对学生表现、研讨内容进行科学评价，进行高度概括性的总结。“应引导学生做出恰当的价值判断，引导学生辩证地从历史与当前、全局与局部、主流与支流等多个角度和侧面分析问题，帮助学生认清事物本质和发展趋势，增强学生分析问题和解决问题的水平和能力。”① 同时，还应在总结评价后，引发学生的延伸式思考和深层次体会，使学生每一次研讨都有每一次的收获，每一次研讨都能更上一个台阶。

（3）进行有效的课堂管理

思想政治理论课课堂教学与课堂管理相互影响，共同作用和规定着思想政治理论课课程实施的实效性。而大学生对社会主义核心价值观认同的程度也与课堂管理的效率呈正相关关系。当前，高校思想政治理论课基本采用大班教学模式，一个教学班级学生数量少则七八十，多则一二百，这样的大班教学为课堂管理出了难题。课堂管理有效与否，直接影响着课堂教学能否顺利开展以及能否取得成效。以往的思想政治理论课课堂管理权在教师手中，教师靠威权或奖惩方式实行课堂管理。事实证明，这种课堂管理方式效果不高，学生即便到课率很高，抬头率却无法保障。在混合式教学模式下，学生是主体，这不仅意味着教学目标转向了能力发展和兴趣培养，还意味着

---

① 聂智．论高校思想政治理论课基于问题导向的研讨式教学模式的建构［J］．思想理论教育导刊，2017（09）．

"教学设计的价值取向发生了变化，相应的教学模式、策略和方法也需要发生变化"。[①]这里的变化理应包括课堂管理的变化。

在课堂管理创新上，为了满足学生对于课堂互动的新要求，教师们可采用"教学相长"的课堂教学管理模式，充分发挥学生"反哺"老师的主动性。通过为每位同学建立一个"教学相长"管理手册的方式，使每一位同学的观点和心声都能被倾听。任何一个学生对课堂有任何问题和想法都可以在管理手册上进行体现，在这里，学生成了参与课堂管理的"新力量"。学生不再是服从者和局外人，积极性自然就高了起来。教师要认识到提高大学生社会主义核心价值观认同实效性，光靠研究教材和教法仍是不够的，还需要在课堂管理上用些精力和智慧，以优质的课堂托举高效的教学。

第一，实现由"纪律管理"到"学习管理"的转变。传统的课堂管理大多是纪律管理，即教师花费大量的时间来维护课堂的纪律。在纪律管理方式下，课堂是安静的，课堂秩序仿佛井然有序，实际上学生各干各的事情，认真听课的学生少之又少。这样的"有纪律"的课堂实际上与教学宗旨完全相悖。搞好课堂教学，教师首先就要树立科学的课堂管理理念，"应通过与现实社会生活相融通的教学内容组织以及与当代大学生成长方式相呼应的教学方法应用，以增强高校思想政治理论课程的吸引力与参与性，从而使教育对象的知识兴趣、成长愿望以及积极情感成为课程学习的根本动力而不是外在的纪律约

① 冯晓英，王瑞雪．"互联网＋"时代核心目标导向的混合式学习设计模式［J］．中国远程教育，2019（07）．

束，大学生的课堂问题行为就能得到最大限度地抑制和消除”。[①] 简而言之，就是化外在管理为内在管理，化纪律管理为学习管理。

第二，实现课堂中学生的自我管理。学生的自我管理远比教师外在的纪律施压效果要好得多。实现学生的自我管理，关键在于让学生全程参与到课堂教学中来，消除学生中普遍存在的“我是被迫来听课的”“这门课听不听都行”“反正我不听课也能及格”等观念。具体来说，一方面，加大过程评价在整个考核评价中的比重，通过课程学习过程评价的具体实施使学生确立平时成绩的评定与课堂学习有效参与高度相关的观念，使学生认识到来不来听课或者到了课堂上听不听课是大不相同的。另一方面，增强课堂的积极吸引力。如果说考核评价是消极吸引力，则课堂教学紧密贴近学生、贴近生活、贴近实际就是积极吸引力。教师要不断探索把学生的成长环境、生活习惯和交往方式等因素与课堂教学相融合的方法，使学生“不请自来”。

第三，实现协同管理。课堂管理是一个系统，一个好的课堂管理，一定是各子系统内部以及系统间协调的结果。协同管理是课堂管理必不可少的长效性的方式。课堂管理的协同，一方面在于资源整合，另一方面在于行动协调，通过资源整合和教育教学行动的协调，系统内部才能免于松散和混乱。在资源整合方面，应建立大学生思想政治教育日常工作与思想政治理论课互动联通机制，推动学生党建、班团建设等工作与思想政治理论课的融合，“可把学生党员或积极分子、班团干部在思

---

① 韦世艺．高校思想政治理论课有效课堂管理：内涵与动因［J］．高教论坛，2017（08）．

想政治理论课的课堂表现和学习成效作为学生党干考评的重要依据”。[①] 在行动协调方面，高校思想政治理论课的不同课程、不同教师在课堂班级氛围和整体性学风建设上应保持观念上的高度一致和行动上的步调趋同。只有这样，思想政治理论课的课堂管理才能实现劲往一处使、力往一处用，最终打造既有纪律又有活力，既热热闹闹又井然有序的生动课堂。

2. 创新大学生社会主义核心价值观认同教育教学模式

（1）探索全方位嵌入式认同教育模式

与社会主义核心价值观认同教育的其他宣传方式相比，嵌入式在宣传社会主义核心价值观方面具有以下优点：一方面其更易于为受众所接受。采用嵌入式形式宣传社会主义核心价值观将摆脱以往说教式的灌输，而更多的是采用与专业教育相吻合的、与“场景”相符的宣传模式。另一方面其宣传的目的更易达到。因嵌入式宣传形式更为多样、也更易于为受众所接受，并且其对受众的影响将更为持久，这也正是培育和践行社会主义核心价值观要追求和达到的目标。思想政治理论课程之外的专业实践教学活动中蕴含丰富的社会主义核心价值观内容，体现着社会主义核心价值观的相关要求，并且在思想政治理论课程之外的专业实践教学过程中也隐藏着丰富的核心价值观培育机会，高校在工作实践过程中只要找准切入点，建立机制，把握原则就可以更好地实现社会主义核心价值观教育实效。

在嵌入式培育实践过程中，最关键的因素是教师对教育机

---

① 韦世艺．高校思想政治理论课有效课堂管理：内涵与动因［J］．高教论坛，2017（08）．

会把握能力。不论是机会的识别，还是教育内容的恰当植入和有效传递，都需要教师的较强的责任意识和优秀的教学技能。在把握和实施嵌入式教育的过程中要遵循好以下原则：

一是科学精神与人文精神并重原则。大学培养的是高素质全面发展人才，不论是理工类还是文史类专业的学生，科学精神与人文精神在其成长过程中同等重要。高校专业教师，特别是理工类专业教师要避免形成重科学技术、轻人文精神的思想观念，树立以人为本的人文精神，注重历史文化知识的学习积累，远离技术主义陷阱。

二是规范性与灵活性相结合的原则。高校从学校层面提供的规范化培养方案，是引导嵌入式培育实践有序开展的重要保障，需要教师予以遵循。与此同时，也要看到思想政治理论课程之外，不同的学科门类有着各自不同的人才培养模式以及培养目标，不能将思维局限于现成的方案和模式，要善于发现教育机会，灵活调整教育方式方法，注重形象性、情感性、典型性，适时、适当、适宜地做好嵌入式培育，以求实效的最大化。

三是隐蔽性与渗透性相融合的原则。社会主义核心价值观的嵌入式培育是思想政治理论课这一主渠道内化培育的有效补充，具有潜移默化、润物无声、以理服人的特点，需要通过专业教师引导以及学生自身体验来完成，避免纯粹的思想政治教育给学生的逆反心态和压力感。因此在具体实施过程中要特别注重坚持教育内容的隐蔽性和渗透性原则，要将社会主义核心价值观内容与专业教学内容有机融合、相互浸润。这样，才能使学生在有效参与专业学习的同时，在无意识中接受社会主义核心价值观念。

社会主义核心价值观嵌入式教育的有效实施需要有健全的

组织体系和运行机制作为支持和保障。

一是要形成针对专业教师的社会主义核心价值观培育和践行机制，通过系统化、常态化的培育和引导来提高教育者对核心价值观的认同程度和践行能力。与思想政治理论课教师相比，其他教师在培育和践行社会主义核心价值观的过程中存在着主动性不够、动力不足、业务不专等问题，对社会主义核心价值观的认识不全面、不客观，更有甚者，在内心存在排斥或抵触社会主义核心价值观的倾向。为了提升社会主义核心价值观的感召力和向心力，有必要对这一教师群体进行系统化、常态化的宣传培养。针对思想政治理论课之外的专业教师建立系统化的宣传培养机制，将社会主义核心价值观的培育和践行作为一个长期、艰巨工程来做，从社会主义核心价值观的基础内容开始，逐步深入内核，使社会主义核心价值观入心、入脑；同时，对他们进行常态化的宣传培养，将社会主义核心价值观作为一个常抓常新的工程对待，社会主义核心价值观必然体现时代发展的特色，只有根据时代的发展要求进行常态教育，才能从根本上培育和践行社会主义核心价值观。

二是要在思想政治理论课程之外设置独立的嵌入式培育研究机构，配备专门人员进行系统研究，为植入式培育的科学实施和可持续发展提供理论保障。任何实践的顺利推进都离不开正确理论的指导，思想政治理论课程之外的专业教学实践中嵌入社会主义核心价值观的培育和践行亦是如此。只有建立其专门研究机构，开展独立的研究，同时不断培养相关的专门人才，才能充分发挥人才的重大作用，开展相关研究，以其理论成果指导和设计社会主义核心价值观植入相应的专业教学实践的方案和路径。

三是要形成校、院、专业三级管理体系，在思想政治教育管理体系和学生的专业教学实践中，切实采纳并发挥嵌入式培育在这些教育实践中的效用。在此基础上，制定健全的教学大纲和教育教学制度，明确安排和组织各项教育活动，促使思想政治教育实践活动的规范、有序开展。

综上，高校要做到在以学生为本的“人本”思想政治教育理念统领下，切实实践网上网下思想政治教育课程培育的“人本”化模式创新；同时，在非思想政治课程领域，科学实施嵌入式意识形态培育，进一步把课程思政做出成效，特别要注意“避免将德育内容生硬楔入专业课程的倾向，两者不应该是机械组合而应该是有机融合、相互促进、协调发展”①，这样高校社会主义核心价值观内化培育实效必然能够实现有效提升。

（2）运用共识驱动认同教育模式

大学生社会主义核心价值观的培育和践行是高校思想政治教育的重要内容，同时是一项旨在实现人的全面发展和中国社会全面发展的国民教育实践活动。这一教育目标的实现需要我们打破学校与社会的界限，形成学校、家庭、社会三方共识，从创新宣传话语、激励家庭教育、优化社会环境等方面大力营造并激发全员育人、全方位育人、全过程育人的社会生态环境。

宣传是高校思想政治教育开展各项教育实践活动的重要传播工具，思想政治教育宣传工作担负着全方位向高校师生员工传播执政党政治路线、工作方针、政策和重要会议精神的特殊使命，在各项工作中，起着导向、鼓励、疏导、传播等作用，

① 许涛．构建课程思政的育人大格局［N］．光明日报，2019－10－18（12）．

是大学生课堂思想政治教育的有效补充和加强。在培育和践行社会主义核心价值观实际工作中，高校宣传工作通过媒体渠道弘扬核心价值观，引领意识形态建设工作；通过事迹报道、时事评论等方式，促进大学生对课堂所学核心价值观理论知识的有效内化；通过组织丰富多彩的校园文化活动凝聚学生、激励学生，进一步提高他们对社会主义核心价值观的认同度。然而，传统的思想政治教育宣传工作同样缺乏以学生为中心的"人本"理念，习惯于通过传统媒体对国家层面意识形态政策理论和新闻事件进行权威发布，不论从内容还是渠道均远离学生话语环境；习惯于从学校意图出发，自上而下动员来组织校园文化活动，而忽视学生对活动的认同和接受程度，灌输的意义大于自主学习的意义。新形势下，这样的宣传教育模式不利于高校宣传工作的意识形态建设功能的有效发挥。解决这一问题，重点在于如何从宣传话语内容、形式、方式、全方位进行创新转化。

第一，教育话语与教育宣传话语。培育和践行核心价值观的过程中，思想政治教育话语因其国家意识形态教育的功能特殊性，必然受到主流意识形态的主导和支配。"主流意识形态构成一个社会思想文化的中枢和支柱，构成一个民族精神信仰的基础和载体，起着扩大政治认同、进行政治整合、规范政治行为、增强政治体系的合法性、促进政治稳定的作用。"① 同时，其又因受教育者理解和认同的需要而具有非意识形态的一面。思想政治教育话语应然成为宣传思想政治教育工作得以实施的中介和必要手段，是影响社会主义核心价值观培育有效性

① 张雷声．论社会主义社会主流意识形态［J］．马克思主义研究，2008（04）．

的重要因素。因此，在高校宣传社会主义核心价值观实践工作中，我们既要强调主导意识形态话语内涵的传递，又要善于创新运用贴近学生、与时俱进的非意识形态话语内容、形式，确保核心价值观培育工具和价值双重教育目标的实现。

第二，宣传社会主义核心价值观话语内容的创新。宣传思想政治话语内容的创新，是高校培育和践行社会主义核心价值观的核心。高校宣传思想政治教育相关部门、相关团队要立足马克思主义的立场、观点和方法，结合新形势下的社会政治、经济、文化、道德问题，构建社会主义核心价值观语境下的宣传思想政治教育新体系，以提高核心价值观培育的叙事水平；要结合转型时期国内外社会发展、思想潮流，融入各领域话语资源，并从中提炼出适合提高大学生接受程度的宣传思想政治话语资源，并通过不断实践和积累，构建符合新形势下高校培育社会主义核心价值观需求的话语内容。在具体实践过程中，要把握好话语内容主题从宏观的、理想化的、以社会价值为中心的理论内容转向微观的以受教育者在现实生活中受教育的各种问题和困惑为中心的生活内容出发；要尽可能围绕大学生普遍关注的热点、焦点问题来选择宣传教育的话语内容，让非日常生活理论内容回归日常生活当中；要研究大学生思想动态、情感生活，关注和总结吸收学生日常生活中的网络流行语、日常交流语，结合时代主题，形成理性化、通俗化、生活化①兼备的大学生喜闻乐见的核心价值观宣传话语内容。不论是党委宣传部门还是学生工作部门、高校共青团委，不论是新闻评论、主题教育还是第二课堂都要注意把握以上创新原则和方向

第三，宣传社会主义核心价值观话语形式的创新。思想政

---

① 殷玉平. 推进科学理论大众化通俗化［J］. 红旗文稿，2020（20）.

治教育话语形式的宣传总体而言可分为文本话语和实践话语。文本是话语存在的重要形式，社会主义核心价值观相关理论读本、政策文件、新闻、评论等都是其话语的文本形式。实践是检验真理的唯一标准，文本话语只有通过实践才能体现其价值和生命力。我们在高校社会主义核心价值观培育实践各阶段、各环节使用的结合本校校情和学生特点的书面和口头宣传话语是其话语的实践形式。首先是文本话语形式的创新，高校要重视社会主义核心价值观文本研究，把握好新时期宣传思想政治教育话语发展规律性，从国家宏观层面，理论化、大众化的社会主义核心价值观文本内容当中挖掘精髓，结合不同高校自身发展情况和学生特点，借鉴不同学科领域符合人的全面发展的文本话语形式，形成具有广泛接受度的核心价值观系列宣传读本。再者是实践话语形式的创新。一是要关注学生的日常生活世界，从学生习惯性日常用语和交流方式中提炼出符合社会主义核心价值观培育需求的话语，增强校方和学生主体间话语沟通的有效性；二是要重视新媒体时代的网络文本形式，在充分了解新媒体网络话语的基础上，运用学生喜闻乐见的互联网话语形式，通过新媒体宣传平台渠道，展现中华民族优秀传统文化和核心价值内容体系，提高社会主义核心价值观培育实效性。

此外，还要用好用活家校合作育人模式。家庭是人生的第一个教育场所，父母亲人是子女的第一任启蒙老师，相比学校教育，家庭教育因其长期性、广泛性以及可靠性的特点，对学生道德品质和价值观念的形成有着更加重要的作用。近年来，我国就思想政治教育向家庭教育的延伸不论在理论探索还是在实践积累上都取得了重要成果，高校在培育和践行社会主义核心价值观过程中应合理运用这些成果，以确保教育的有效性和可持续性。

第一，明确家庭思想政治教育现状。我国高校长期以来形成的由学校主导的权威思想政治教育模式，在很大程度上弱化了家庭教育在德育教育中的积极作用，越来越多的父母将教育责任全盘推到学校，家庭和学校之间在学生思想政治教育过程中本该存在的优势互补和良性互动消解殆尽。与此同时，伴随着我国经济转型和多元价值文化激荡，部分学生家长产生了与学校思想政治教育主张相违背的功利化、庸俗化价值观念，并以此影响学生思想观念。当然，在看到问题的同时，我们也清楚地看到家庭思想政治教育在核心价值观教育过程中大有可为的空间。

第二，激活家庭思想政治教育功能。鉴于上述家庭思想政治教育积极作用的弱化缺位和消极影响日渐凸显两方面问题并存的现实情况，要重新激活家庭思想政治教育的正向教育功能，为培育和践行社会主义核心价值观助力。我们首先从树立家庭教育意识以及提升家长教育能力建设入手。培育和践行社会主义核心价值观作为长期的全民意识形态教育工程，不仅涉及在校大学生，广大学生家长也是重要的受教育者和实践参与群体。高校一方面要通过与家长的有效沟通交流达成对学生思想政治教育的共识，重塑家长对学生的教育责任意识；另一方面要通过有效的家校合作教育引导手段，提高家长对学生的教育能力，提升教育自信。家校形成合力，既可以实现家长群体的核心价值观教育问题，又能促进大学生社会主义核心价值观培育和践行的长期性和可持续性。

第三，建立家校合作的长效机制。长期有效的运行机制是家校合作培育和践行社会主义核心价值观的基本保障。学校与家庭之间，一是要建立起畅通的信息渠道，就学生的社会主义核心价值观学习和践行情况及时进行沟通和反馈；二是要根据家长群体的不同特征，充分利用传统媒体和新媒体搭好家长教育能力建设服务平台[①]；三是要设立社会主义核心价值观家校合作培养研究机构，成员由教师代表及家长志愿者组成，保证家校合作教育内容和教育形式能够与时俱进。比如，高校可以通过网络平台组织家长委员会论坛空间，将学生在校学习和践行社会主义核心价值观情况随时传递给家长，并为学生家长实时提供各种宣传教育材料，让他们在教育子女前自身先接受教育，并成为社会主义核心价值观践行者。

第四，社会主义核心价值观从国家、社会、公民三个层面的价值诉求描述的是一副人民干事创业、社会风清气正、国家繁荣富强的理想图景[②]。不论是通过学校培养还是家庭教育，学生最终是要参与到广阔的社会空间去实践自己的人生，追求自己的理想。假如学生所接触到的社会环境与他们前期所接受的核心价值观理想诉求相去甚远，必然导致消极、怀疑情绪的产生，不利于社会主义核心价值观的主动践行；相反，如果学生所接触到的社会环境与社会主义核心价值观所描述的价值许诺趋于一致，那么学校和家庭的教育成果将得到升华，他们会自觉参与到社会主义核心价值观的学习和践行当中。因此，国家需要从政治、经济、文化各方面努力创设与社会主义核心价值观的理想诉求相一致社会大环境，以提高青年学生对社会主义核心价值观的认同程度，激发其学习和践行社会主义核心价值观的自觉动力。

---

① 万川明. 传统媒体推进平台融合的路径探讨［J］. 新闻爱好者，2018（04）.

② 张洋. 进一步凝聚干事创业正能量［N］. 人民日报，2020－11－12（05）.

3. 拓宽大学生社会主义核心价值观认同教育教学场域

（1）立足世情国情开展认同教育

大学生社会主义核心价值观的培育和践行，必须立足于世界发展的趋势，这不仅是社会主义核心价值观本质属性所要求的，也是世界发展的必然趋势，是大学生拓展国际视野和树立宽广胸怀的践行自觉。

第一，社会主义核心价值观是中国特色的，也是世界价值理论的发展。社会主义核心价值观首先是对中国社会主义革命和建设实践的高度凝练，是中国特色社会主义价值理论的发展自觉。从价值观和价值体系的内涵来看，每一个社会形态价值观念会各种各样，但这个社会形态的价值体系却只有一个。社会主义核心价值观就是反映这个社会主流意识形态的社会价值体系的核心部分。社会主义核心价值观是在中国优秀传统文化中孕育的、在中国人民对社会主义革命和建设的不懈探索中、在道路自信、理论自信、制度自信和文化自信基础上形成的高度价值自觉，是中国从制度、道路再到价值建设对世界社会主义事业所做出的最新贡献，也是中华古老文明与现代文明高度融合的时代产物。它是经过了中国人民的社会主义建设实践检验了的、是反映了社会主义主流意识形态、同中国的国情相适应的核心价值观念，因而它牢牢地打上了中国的烙印，具有中国特色。

社会主义核心价值观又是世界的。同中华民族一样，世界上有许许多多优秀的民族，他们同样在本民族的发展中创造着自己的辉煌历史和灿烂文化。在他们的历史和文化中同样也包含了这样的价值思想。同样，社会主义也是一个高度开放的学说，它不能脱离世界文明发展而独立存在，它是人类发展史上不断吸取新的营养而形成的文明成果。资产阶级打着“自由、平等、博爱”的旗号战胜了封建地主阶级，经过了近三百年的发展，形成了较为先进的生产力发展成果和以“自由主义、个体主义、宗教信仰”等较为清晰明确的核心价值观。对社会主义国家而言，也需要吸收和借鉴其中的积极因素，来更好地发展自己。中国作为社会主义发展中大国，既要担负复兴中华文明的重任，又要担负振兴和发展社会主义制度的历史使命。中华民族的复兴，是艰巨的，包括了复兴、包容、创新三个层次的丰富内容：原生文明的复兴，以自身强大发展动力引领世界文明发展潮流；以包容的心态来看待世界一切文明，积极塑造人类的共同价值体系；在传承基础上以创新驱动发展，为世界文明发展注入新动力。这是中国对人类文明所作的郑重承诺，也是中国对世界文明发展史的重要贡献。因而，社会主义核心价值观具有世界性。当然，社会主义核心价值观还处于一个逐步完善的阶段，也需要向包括西方文明成果在内的一切优秀成果借鉴和学习，而且这也必将是长期的。

第二，培育和践行社会主义核心价值观，是合作共赢的世界现代化发展趋势所要求的。从当前社会现代化发展的趋势来看，在经济全球化基础上形成了世界政治多极化的发展趋势，而且这种趋势不可逆转，各国之间的经济发展相互依存度提高。中国作为国际社会中的重要一员，不仅深受这种趋势的影响，同时也加速了这种趋势的发展。二十世纪九十年代以来，世界经济发展加速，并出现了一些新变化，基本形成了由集团化、区域化向全球化转化发展的趋势。随着这一变化趋势，出现了资本要素以及其他各种生产要素在世界范围内的优化配置和组合，全球经济一体化趋势加快，并且加速发展。这一全球化的发展趋势，使资本等生产要素在全球范围流动和组合，而推动这一变化的就是科技革命的发展，它形成了这场变革的物质基础和推动力。经济全球化趋势使各国经济的相互依存、相互影响日益加深。平等、互惠、共赢成为国家间新的经济合作观，同时建立新的国际经济新秩序的呼声日益高涨，我们需要的是世界各国共存共赢的经济全球化。经济全球化要求建立新的国际经济和政治新秩序，这也改变了新的国际关系格局。世界政治格局加速变化，原来的二元格局向多极化发展。这是时代进步的要求，符合各国人民的利益。

但经济全球化也是一把双刃剑，它一方面提升了世界经济发展的速度，促进了各国经济和贸易的相互合作，同时也提高了各国经济发展的相互依存度；而另一方面由于世界各国在各种生产要素及管理经验、市场运作手段等方面的先天占有程度不同[①]，导致经济全球化所创造的财富不能公平合理地在这些国家间分配，这就使全球贫富差距进一步扩大，造成世界各国尤其是发展中国家的经济波动和政治不稳定，加快了世界政治格局的分化组合。在这个分化和组合的发展过程中，各国都努力加快自身发展，力争成为多极化中的一极，而且这个发展过程将是复杂的、长期的。我国作为世界有重要影响力的大国，不仅得益于世界经济全球化发展的外部环境，也得益于长期的改革开放，对世界经济的发展做出了重要的贡献。同时，在世界政治的多极化发展过程中，中国同样发挥了自己作为负责任大国的作用，是当今世界安全稳定不可或缺的重要因素。中国已经完全融入世界发展当中，同时世界也离不开中国[②]。但世

---

① 刘典．加快数据要素市场运行机制建设［N］．经济日报，2020-09-04.

② 入世20年，中国与世界共赢［N］．光明日报，2021-12-11（05）.

界多极化的过程是复杂和漫长的，局部国际安全形势依然动荡，这就是当前的世情，而开展社会主义核心价值观的培育和践行，就必须立足于这个世情，从更宽广的国际视野来开展培育和践行，树立国际胸怀。

第三，要针对世情开展大学生社会主义核心价值观培育和践行，就必须充分把握当前影响我国的四种社会思潮和三种变化趋势。

其一是倡导和标榜资本主义改良主义的“民主社会主义”思潮。他们不求从根本上摧毁整个资本主义制度，而是幻想对资本主义实行改良，并梦想用所谓的价值社会主义来替代马克思的科学社会主义，就连他们自己都自称是“资本主义床边的医生和护士”。国内受这一思潮影响的大有人在，宣扬只有民主社会主义才能救中国。因这种观点在欧洲有着深厚的社会基础，看起来又是一种中立观点，故其迷惑性很强，影响很大。深层次原因在于，它和马克思主义有一段历史渊源。其危害性主要体现在以下几个方面：它反对马克思主义，也不承认马克思主义在思想领域的指导作用；它不承认社会历史发展的必然规律性，从而否定社会主义发展的历史必然性；它反对从根本上消灭资本主义私有制，主张通过改良来解决资本主义社会的根本矛盾；在政治民族方面，他们不承认社会主义的民主制度，主张实行多元政治。

其二是“新自由主义”思潮。这种思潮是二十世纪八十年代开始对我国进行渗透，新自由主义思潮作为一种政治主张，在我国有一定的崇拜人群，对我国的经济、政治和社会发展影响巨大。新自由主义是古典自由主义发展的一种极端形式，它和古典自由主义有着一定的历史渊源。新自由主义主张经济的完全自由化、生产资料所有制方面的完全私有化，并强调通过强有力的财政和金融措施保证自由化的推行。新自由主义的影响不仅表现在经济领域，还表现在政治领域。在政治上，他们极力吹捧美欧式的多党制、民主化、政治多元化和文化的自由化，并宣扬政治和文化应该一体化，即他们所称的“西化”。以美国为首的国际垄断资本主义，曾经不遗余力地推进这种思潮的实现和实施。

其三是历史虚无主义思潮。它对我国的影响较早，并自二十世纪八十年代冲击着我国的主流意识形态和人文精神。其主要观点就是通过颠覆历史而最终颠覆我们的制度。习近平总书记多次强调：“要旗帜鲜明反对历史虚无主义，加强思想引导和理论辨析，更好正本清源、固本培元。”[①] 和它相随的还有一种国粹主义，主张对文化的全盘复古。这些都是具有很大危害性的错误思潮，必须引起高度重视。

其四是“普世价值”观。该种思潮主张西方复兴以来形成的自由、民主、人权、平等和博爱是人类社会的“普世价值”，也应作为社会主义的核心价值观念。这是极具蛊惑人心的思潮，表面看起来“无害”，仿佛是要把人类带入完美的境界，实际上却是包藏祸心，披着价值观的伪善外衣，行文化侵略及和平演变之事。需要我们彻底地从理论上进行澄明和厘清。要从理论上认清资本主义民主价值的核心和本质；从历史角度阐释清楚资产阶级的民主价值观念和抽象人道主义历史演变的历程、在人类发展进程中的历史作用、在现当代社会发展中的社会影响；从哲学高度揭示人性与人道、价值个性和价值共性、价值普遍性和价值特殊性的关系，深刻剖析作为“普

① 习近平在党史学习教育动员大会上强调 学党史悟思想办实事开新局 以优异成绩迎接建党一百周年［N］．人民日报，2021－02－21（01）．

世价值”的理论基础及其资本主义价值观本质的虚伪性，等等。

立足于世情做好对大学生社会主义核心价值观的培育和践行，还必须努力把握当代资本主义发展特点及趋势、当代国际社会主义发展现状及趋势、当代世界民主与政治发展现状及趋势。

（2）在继承和发展优秀传统文化中开展认同教育

中国传统文化同社会主义核心价值观的内在关系，要求将社会主义核心价值观的培育和践行同中国优秀传统文化的传承和创新内在结合起来，在对中国优秀传统文化的传承创新中自觉实现核心价值观的培育和践行；而在培育和践行过程中又要积极传承和创新中国优秀传统文化。

中国古代社会价值观和主流价值体系是中国传统文化的内核，也经历了长期的演变，逐渐形成了以维护和巩固封建统治阶级的统治地位为目的，以“三纲五常”为伦理规范，以礼乐教化为主要手段的核心价值观，并形成了中国传统文化的内核。但要塑造这样的价值观，就必须通过“致礼行仁”。这主要表现在通过各种体制机制的构建和完善，建构一整套行为规范来约束人们的行为，规范社会秩序。此外，还必须通过价值体系的构建和核心价值观的提炼，形塑并内在地引导人们思想。在孔子看来，礼和仁互为表里，仁是礼的内在精神，礼是仁的外在规约。由此可以看出，中国古代社会价值观和主流价值体系的培育和践行是讲求内外兼修。而与此相对应，社会主义核心价值观的培育和践行也应通过内在和外在两条途径来实现。

对于外在途径而言，从国家和社会的层面讲，一是要通过深化改革和体制机制创新，形成有利于社会主义核心价值观培育和践行的政治、法律等政策和制度环境，以体制和机制来保证核心价值观的培育及其价值目标的实现；二是充分利用好传统节日、传统民风、民俗以及手工技艺等非物质文化遗产的潜移默化的教育熏陶功能凝练价值共识，同时还要结合时代要求，丰富和挖掘其内在价值，辅之以现代形式，使传统文化迸发新的活力。从微观层面看，就是以“和谐校园、文明校园、文化校园”的打造为核心，以健全党委领导下的校长负责制和大学章程为抓手，通过学校管理体制机制的构建和完善，牢固树立教授治学、依法治校的治校理念，积极塑造和创设利于社会主义核心价值观培育和践行的微观环境；充分利用校内各种有意义的活动载体，自觉将社会主义核心价值理念贯穿于这个活动当中，提升活动的主题意义。

对于内在途径而言，无论是国家层面和个人微观层面，都最终着眼于个人道德品质和科学文化素养的提高。对于大学生而言，要将社会主义核心价值观的培育自觉地同个人道德和科学文化素养内在地结合在一起；要将遵纪守法同个人道德自觉的培育结合起来，努力实现孔子所倡导的“践命践仁”。其根本就是，热爱自然、热爱生命、懂得感恩和回报，关爱亲情，进而勇于担当，以修身为本，执“格物致知”“知行合一”之道，既勇于追求卓越，又要淡泊明志，宁静守身。

开展社会主义核心价值观认同教育，一方面要求通过中国优秀传统文化教育，帮助学生培育正确的价值观；另一方面，还要帮助他们认清中国传统文化传承和创新的本质，不断地同民族虚无主义和全盘复古主义思潮作斗争。正确的观念总是同错误的观念相比较而存在，拨乱才能反正，只有在同错误思潮的比较和斗争中，才能更加牢固地树立正确的思想和价值观念。社会主义核心价值观属于一个高度开放的价值理论体系，开放性是其发展的动力所在，这也要求社会主义核心价值观的培育和践行必须置于多元的文化路径，中国社会主义革命和建设的历史也昭示了这一点。同时，社会主义核心价值观的内外两种价值目标的实现，尤其是对内凝聚全体人民的共识，培育中华民族共同奋斗的思想基础的价值目标的实现，对外则是塑造中华文明形象。引领世界文化发展也要求，社会主义核心价值观培育和践行必须植根于本民族优秀的传统文化当中，以培育能够使本民族认同的价值文化根基。大学生社会主义核心价值观的培育和践行，必须立足于对中华传统文化的传承与创新，这就决定了必须立足于同“民族文化虚无主义”“全盘复古主义”两种错误思潮的批判和斗争，而且这将存在于社会主义核心价值观培育和践行的全过程，必须长期坚持下去。

第二节　立足新时代大学生社会主义核心价值观认同教育“需求侧”

社会主义核心价值观认同教育的根本在于“认同”，实现认同很大程度上要依靠内生性机制。所谓的内生性机制，就是激发内在驱动力，也即是立足于“需求侧”。

1. 从大学生需求出发提升理性认知

（1）树立认同教育人本理念

理念是实践活动在哲学层面的指导思想，它综合反映实践活动的价值观念、行为准则。理念的创新是社会主义核心价值观培育路径优化的灵魂。科学的教育理念对核心价值观的内化培育具有先导性、决定性作用。

“文本”教育理念，就是以书本为教育培养的基础，主要是对受教育者进行一种思想“灌输”，而“灌输”的主要内容则为上级传达的文件精神、国家制定的新的政策方针等，这是一种以理论教育为目标的教育实践形式，这种教育形式在课前只重视教育者对文本的准备，而忽视了对受教育者的个性特点和具体诉求；课程讲授以理论为主，注重文本逻辑，强调文本阐释，却忽视了受教育者实际和需要，忽视了具体实践对受教育者的作用。概括起来就是只重书本，不重人本。传统的文本思想政治教育模式具有封闭性、理想化、泛政治化等特征，在全球化程度相对较低、学生思想相对单一的特定历史阶段能够对统一思想、实现思想政治教育的工具理性起到一定的积极作用。但是在经济全球化、文化多元化、信息网络化的全新时代背景下，大学生思想日益趋向多元化，以单向灌输为主的文本思想政治教育方式必然难以实现学生对核心价值观具体内容的有效认知。

“人本”教育理念，就是以人为本，受教育者不仅是教育的对象，更是教育的主体；人的全面发展不仅是社会发展的根本目标与根本利益，更是社会发展的基础与手段；教育中既要尊重人、关心人，更要培养人、塑造人。人本思想政治教育把满足人的合理需要、发挥人的主体性、促进人格完善、实现人的全面发展作为高校思想政治教育的出发点和宗旨。相比文本教育模式，人本思想政治教育理念更具有开放性、情感性、生活化的特征，注重以学生需求为导向，设置课程内容，准备授课方式，且注重持续的总结和创新。

改革开放以来，学界对“人本”思想政治教育理念的研究成果颇丰，也做了大量的实践和探索。这些研究成果催生了2004 年《关于进一步加强和改进大学生思想政治教育的意见》的文件出台。该文件明确提出了要坚持“三贴近”来加强和改进高校大学生思想政治工作。对高校思想政治教育价值取向提出了从“文本”向“文本”与“人本”相结合的要求。然而，由于文本观念的惯性思维犹在，加之高校在校学生规模持续扩大、思想政治教育理论课教师队伍数量普遍不足、质量参差不齐等客观因素的影响和制约，“文本”与“人本”相结合教育理念难以在高校思想政治教育实践中得以有效落实。

2013 年相关文件进一步明确了培育和践行社会主义核心价值观的原则，其中的“以人为本”“联系实际”“改进创新”三个“坚持”均可归到“人本”原则下，这是对思想政治教育“文本”与“人本”相结合理念的再一次强调。相比十年前的青年学生，目前的在校大学生成长于全球化、网络化新时代，文化多元、思想开放，更加富有批判精神和维权意识。缺乏“人本”理念的思想政治教育可以通过制度约束力来完成课程，但是只能造成“人在心不在”的课堂和越来越排斥和漠视主流价值观念的学生。在这样的教育模式下，要想真正达成社会主义核心价值观“内化于心、外化于行”的教育目标非常困难。因此，“文本”与“人本”相结合思想政治教育势在必行。从另一方面看，经过近十年的专业化、职业化建设，中国高校思想政治教育工作队伍不论是质量还是规模都有了很大的提升，思想政治教育在高等教育领域的地位明显提升。“文本”与“人本”相结合思想政治教育实施已经具备较好的环境资源条件。

综上所述，当前高校思想政治教育正面临能否适应时代发展要求，实现“文本”与“人本”相结合教育转化的挑战，同时又具备享有较好的人才基础条件和政策环境资源的机会。各高校应该抓住全社会培育和践行社会主义核心价值观的历史契机，明确以人为本的思想政治教育工作理念，充分动员高校思想政治教育人才资源，整合技术力量，形成线上线下课程培育并行、思想政治教育课程专门培育与非思想政治教育课程植入式培育并重的教育新模式，努力提升社会主义核心价值观培育实效。

（2）立足学生需求进行人本化认同教育

人们对新的价值观念都有一个是否接受以及如何接受的问题。接受的标志是接受者对新观念的认同和接纳，并将有可能付诸实践的态度及行为。高校培育社会主义核心价值观的首要任务是要解决学生对核心价值观接受的有效性问题，鉴于当前思想政治教育实效性较差的现状，我们需要对其课程教学模式进行创新发展。

第一，以学生需求为导向设计教学课程。从本书第四章的问卷调查分析结果看，目前国内高校培育和践行社会主义核心价值观的效果并不理想：首先，在校大学生对社会主义核心价值观知晓度较高，但对其具体内容的正确认知率普遍偏低。其次，不同社会特征的学生在认同度上也存在明显差异。究其原因，一方面是在宏观上，缺乏一个系统有效的课程教学模式统领各高校学生社会主义核心价值观具体内容的教育；另一方面是在微观上，各高校在培育过程中缺乏对学生不同社会特征的关注和细分，教育实践活动还处在完成国家意识形态传播任务的粗放模式阶段。针对以上问题，高校需要根据研究结果设计培育课程。高校可以设立专门机构对大学生价值观形成过程进行长期研究、系统分析，在较好掌握学生思想成长规律和现实需求的基础上，设计出既符合社会主义核心价值观培育目标，又深受学生群体认可的课程方案。

第二，以网络平台为基础传授文本内容。网络课程，是互联网时代新生的网络课程资源共享模式，优秀教师们可以突破传统教学的时空限制，将录制好的课程在互联网空间进行共享，再辅以相应的学习过程考核管理系统，让学生可以享受无差别的优质课程教学。这种课程形式因其前所未有的优质教育资源的整合能力和课程教学的时间空间的自由度和灵活性，越来越受到各学生领域的广泛认可。将社会主义核心价值观的文本内容讲授与互联网结合，大力开发网络精品课程供学生自由选择学习无疑是一种有益的尝试。

在实践过程中，可以通过组织国内优秀思想政治教育工作者联合开发核心价值观打造和普遍推广精品网络微课程，将社会主义核心价值观内在的精神价值和社会期望用视频微课的形式分享至网络空间。学生在课堂教学前可以自由选择时间，通过互联网完成文本内容的学习。这一方式将在很大程度上把教师和学生从传统的单向灌输式的课堂中解放出来。一个班级的学生可以在课前围绕同一主题，选择由自己喜爱的教学名师主讲的网络课程，完成对社会主义核心价值观具体内容的初步学习，并通过网络向现实任课教师提前提交自学过程中出现的问题和思考。任课教师则可以根据学生的网络课程学习情况，充分准备，将现实课时间完全用作学生知识接受难点分析和学生思想疑问交流，真正实现平等、互动、对话的参与式教学。

第三，以师生对话为内容创新课堂模式。思想政治理论课程教学是一种以话语为载体的交往活动，它是建立在教育者与受教育者平等、自由基础之上的思想交流与价值观碰撞。作为促进教育者和受教育者之间沟通的意义系统，思想政治教育话语最核心的问题是教育者和受教育者之间的沟通和理解。然而，传统的思想政治话语忽视了对话和沟通的意义，课堂教学很大程度上是教师对教材内容的权威性、单向性、独白式的话语灌输。以教师为中心的“备课”容易将授课对象同质化，忽视学生的个体差异，将他们简单归为需要接受某一项认知教育的一类人，备课的重点在于课堂上讲授什么内容，以及如何在规定的课时内完成课程内容的教授。

首先，教师要以学生为中心，开展课前准备工作。在后喻文化时代，纯粹的知识信息不再需要教师在课堂上进行独白式的宣讲。大学生都具备较强的互联网咨询能力，几乎每个人都拥有一部智能手持终端 24 小时与互联网连接。每一个知识主题都可以通过搜索引擎获取数以百万计的支持信息，再加上文本教学内容的网络化。思想政治教育教师应该从传统“备课”当中解放出来，用更多时间关注学生参与网络课程后反馈的学习情况，围绕学生学习的难点和关注的兴趣点，因势利导，准备一场以学生为中心的思想交流课。这样的“备课”不再是针对文本讲授内容的准备，而是一种建立在师生平等基础上的、以解决学生思想疑问为目的的精神交流准备。为了课堂交流的理想效果，教师需要在熟识教材内容的同时，付出更多的时间对这些知识进行思考和内化；需要结合课前搜集到的学生需求，结合历史与现实提出具有较强参与性的话题，在课堂上形成师生平等对话的局面，在教与学之间寻求最佳结合点。

其次，要将价值观培育工作延续到课外。成功的价值观认知教育不能仅仅停留在课堂的阶段性时空，它应该是一项具有延续性的工作。任课教师们需要梳理课堂上还未探讨出结论的问题，通过网络交流平台继续与相关学生继续交流，并在此基础上总结和分析教学过程中存在的各种问题和不足，为下一次课做好更充分的准备。班级网络讨论平台和空间，应该在学生毕业后依然能够发挥交流思想的功能作用。以平等对话和思想交流为基础的思想政治理论创新课堂本身，就是对平等、友善、敬业等社会主义核心价值观内容的最佳诠释。

2. 运用情感教育写好价值内化文章

情感是指人在对事物的属性、特征及其关系等形成认识的同时所产生的对该事物满意与不满意、喜爱与厌恶、肯定与否定等一系列的态度。情感是在认知认同的基础上应运而生的，这种认同来源于对某一价值观或价值体系的真实、深入的了解。情感认同具有相对的稳定性，一旦形成，就会对认知认同产生深入地影响，从而调控大学生认知活动的方向，成为左右其认知的一项重要因素。所谓情感认同主要是说当认知主体对于某种价值观有了较为全面深入的了解之后，从情感上感到认同，这种满意、肯定、认同的态度一旦形成，就会深入地对认真认同进行强化。而当代大学生对社会主义核心价值观的情感认同，就是在对他们在经过简单的认知认同的过程之后，通过对认知认同的进一步巩固与强化而形成的。从某种程度上来说，情感认同的完成，就意味着大学生实现了对于社会主义核心价值观的初步内化。情感认同的阶段，是包括上面所论述的简单的价值认知的。除此之外，还伴随着价值评判和价值选择的成分。因此，从认知认同到情感认同的发展过程，可以大致理解为由最初的价值认知到一定程度的自主的价值评判到最后主题进行价值选择的过程。

价值观的认同，是基于主体的需要而产生的，这种动机是推动个体进行价值认同的内在动力。美国心理学家马斯洛，他在自己著名的需求理论中提到，在促进个体对核心价值观进行内化的过程中，必须首先在一定程度上满足主体较低层次的需求，才能引导他们在低层次需求得以满足的基础上，向较高层级需求发起追求。这样一来，大学生就会主动地以核心价值观为指导，将社会主义核心价值观内化，进而指导自己实践。

学校要搭建情感认同的活动平台，不断丰富大学生的校园文化生活和精神文化环境。实现大学生对核心价值观的情感认同，高校需要充分发挥好其本职的教书育人职能，更需要完善校园文化的承载功能，利用校园积极进取，健康向上的文化氛围，为社会主义核心价值观的宣传，培育搭建重要平台。校园文化总是能对大学生的思想和行为产生潜移默化影响，因此，高校要充分利用校园活动这项重要资源，利用多种文化载体来向学生宣扬社会主义核心价值观，着力营造良好的心理氛围，使之为培育大学生对核心价值观的认同营造情感共鸣环境，使每个大学生都能从心底认识、理解并最终接受核心价值观。同时，高校要充分发挥榜样的力量，要花大力气宣传在大学生群体中社会主义核心价值观优秀践行者的先进事迹。要引导大学生用心发现、仔细总结，既要向社会各界阶层中感人至深的先进典型学习，也要发现身边这些看得见的优秀大学生，使莘莘学子在情感上获得高度共鸣，见贤思齐，见不贤而内自省焉，吾日三省吾身。最终在榜样人物潜移默化的影响之下，认知核心价值，做出正确的价值判断和价值选择，让自己的道德情操接受灵魂的洗礼，最终使得外在的价值观逐步内化为自己内心的行为规范，来遵守，来践行。

一方面，大学校园要花大力气搞活校园文化建设，通过完善校园文化相关的体制机制和基础设施，努力为大学生提供富足的精神食粮，使他们能够在学习科学文化知识的同时，精神境界也能够得到同步提升。学校应当努力营造适宜社会主义核心价值观生根发展，适宜大学生思想理论自由发展，火花四溅的学术氛围，让大学生能够在理论与现实的思辨中，在一元观点和多元观点的博弈中把握社会主义核心价值观，认同社会主义核心价值观。

另一方面，要坚持贴近学生、贴近实际、贴近生活这三个基本原则，切实地帮助大学生群体解决各种困惑和迷茫。学业上的困难、求职过程中的碰壁、生活上的迷茫和困惑、情感方面的纠葛，都是学校要关心的问题。此外，学校还应该对贫困学生给予更多的关注，时刻留意这些学生的心理动态，及时地帮助他们排忧解难，确保他们拥有健全的人格和健康的心理。以社会主义核心价值观为指导制定学校的各项规章制度，使社会主义核心价值观渗透到校园管理的方方面面，深入学生学习生活的每个时刻，使人格教育和价值观塑造更加全面。“始终贯彻党的教育方针，落实立德树人根本任务，发展素质教育，推进教育公平，培养德智体美全面发展的社会主义建设者和接班人。”① 总的来说，要切实把这个原则落到实处。

3. 把握主体性教育促进思想转化

（1）针对大学生特点开展认同教育

大学生是建设社会主义事业的栋梁，也是国家的未来和希望。开展大学生社会主义核心价值观的培育和践行，不仅是迎接世界文化挑战、抵御落后腐朽文化的侵蚀和错误思潮的影响所要求的，也是加快中国特色社会主义事业发展与实现中华民族复兴的时代要求和强大精神动力，也是大学生自身健康成长所需要的。

青年是社会发展的未来，他们的价值取向在某种意义上代表着未来整个社会的价值取向。同时，青年时期又是人一生中

---

① 汤菊平．学习总书记回信精神，勇做走在时代前列的奋斗者、开拓者［EB/OL］．光明网，2020－07－14. https：//theory. gmw. cn/2020－07/14/content_33993125. htm

价值观的主要形成期。在这一时期加强对青年学生的价值观教育，对于帮助他们形成正确的价值观乃至世界观、人生观意义十分重大。这也好比一个人穿衣服扣扣子，青年人生的第一粒扣子就必须在人生的关键阶段扣好。正如习近平总书记强调的："青年的价值取向决定了未来整个社会的价值取向，而青年又处在价值观形成和确立的时期，抓好这一时期的价值观养成十分重要。这就像穿衣服扣扣子一样，如果第一粒扣子扣错了，剩余的扣子都会扣错。人生的扣子从一开始就要扣好。"① 此外，在青年的人生发展阶段上，每一个青年都会有自己的特殊环境和机缘，也都需要根据时代际遇和社会机缘，规划自己的人生发展，创造属于那个时代的人生和社会历史。作为青年，大学生就是要在党的英明领导下，勇敢地担负起自己的历史重任，努力实现中华民族伟大复兴的重任。但核心价值观的养成并非一日之功，大学生能否把核心价值观自觉付诸行动，并形成一以贯之和自觉奉行的准则与信念，关键在于能否针对大学生心智成长阶段和特点，使社会主义核心价值观念入脑、入心、入生活。因此，社会主义核心价值观培育和践行能否取得实效，关键就在于我们能否根据大学生的个体成长特点来开展。

从心理成熟度视角分析，目前在校大学生大多属于18—24岁的年龄段。而这个年龄段正好属于青年中期，大学生个体生理已经基本成熟，并且大多基本具备了成年人的种种生理功能和体格，也能够进行基本判断，但总的来讲，其心理上还未完全成熟，属于心理成熟的前期。因此对于处于青年中期的

① 习近平．青年要自觉践行社会主义核心价值观——在北京大学师生座谈会上的讲话［N］．人民日报，2014-05-05（02）．

大学生而言，就是尽快让自己的心理成熟起来，长成为一个具备完整身体和心智的成年人。判断人是否成熟，取决于三个方面的基本判断：一是身体的生理性成熟，尤其是指性成熟，这个目前大学生基本上已经具备。二是心理上成熟，即指性格成熟，具有自我概念，能熟练进行自我定位。三是社会化成熟，以一个人的社会成熟程度为判断标准，即一个人能够正确认识自己所担负的社会角色以及所应承担的社会责任。

在这三个判断标准中，身体成熟是心理成熟的物质基础和依据，对一个正常人而言，年龄是划分依据，而心理成熟是社会成熟的必要条件，社会成熟是成熟的重要表现。其中社会成熟最复杂、需要的时间最久，因为一个人是否已经社会成熟和一个人所处的成长环境、参与的社会交往、具备的社会交往经验有关，参与的社会交往愈多，参加的社会实践越多，其社会成熟度会相应地高一些。而社会实践对于基本处于学校学习生活阶段的大学生而言，基本上是缺乏的。因为他们还未能完全走向社会，还不能真正参与社会实践，社会交往范围也比较有限，已经拥有的社会经验也比较少，而且感性不深刻。因此，大学生的社会成熟期普遍会比较久。

目前在校大学生大多处于第二个阶段。在这个阶段，大部分学生心理正逐渐走向成熟，价值也处于养成阶段，一方面他们的认知能力有了一定提高，另一方面他们的自我概念逐渐增强，但这两者在大学生的第二阶段往往又是不一致、不协调的，大学生普遍能够对自身及周围事物具备一定认知，并能形成一定自我概念，但这种自我概念由于受认知能力的影响，有时又不完全和不彻底，这也会影响他们的判断，会影响他们价值的养成，需要外部不断地予以引导和纠正。自我概念的发展与一个人的年龄及其知识水平有关。一个人年龄越大、知识水平越高，他的自我总结和概括能力越强，其自我意识也就越强。基于此判断，大学生所处的年龄阶段和所具备的文化水准，决定了他们正处于这样一个不断认识自我的时期。在这个时期，他们不再像中学生那样急于了解外部世界，而是把认识的注意力转向自己，注重对自己的自我定位、自我概括，并在此基础上探究自己与外部的关系。他们善于从主客体关系、理想与现实的二元分类法来对自己进行区分和定位，注重对自己的内省、体察和塑造，很在乎外部对自己的看法和评价，易受外部对自己的评价影响。他们这个时期对周围关系处于一个敏感判断期，很注重对自己的塑造和定位。同时他们对自己的未来社会角色会提前进行理想定位，并易受这种定位的影响。

大学校园的封闭性、独立性又为大学生这种性格的塑造和养成提供了环境。完成了高中紧张的学习，压力一下子释放，一下子进入自我安排的生活节奏当中，有许多大学生在较大的程度上还不能完全适应。不过，他们也在逐渐适应这种独立自主的生活方式。独特的社会层次、宽松自由的氛围以及他们所具有的较高文化素养，使大学生容易以一种一览众山小的姿态看待社会的人和事，同时过早的理想化的社会角色定位，也使他们极具抱负和使命感，他们总是会有一种以天下为己任的雄心壮志。他们以置身事外的社会人角色关注这个社会发生的一切，以一种大视角、大无畏的精神，关注着整个社会的发展与进步。他们对社会舆论十分关注，对社会事件有很高的参与度和执行力，同时由于心智上的不成熟和自身认知能力以及生活阅历不足所限，他们很难辨别社会事件和社会舆论的真伪。因此，他们在分析和思考社会问题时，总带着极具理想化的色彩，有时还非常不切合实际，并时常表现出一定程度的片面性和幼稚性。这种认知能力、自身阅历等方面的严重不足与他们极强的自我概念总是不协调、不一致，也极可能会不断地困扰着他们。

当前在校大学生，大多为独生子女，且为“90 后”，他们具有“90 后”特有的一些心理和性格特点。例如，追求思想独立，但又容易以自我为中心；思想上要求积极向上，价值观更加务实，对社会的认知比他们的前辈更加丰富；喜欢接受新事物，但缺乏信仰，分辨能力差。丰富的认知能够帮助他们树立正确的世界观、人生观和价值观，但与此同时，对网络的过分依赖，又会使他们产生空虚感。当前，“网络依赖症”已成为“90 后”大学生十分普遍的心理问题，他们往往过分沉迷于网络聊天、网恋和网络游戏当中不能自拔，甚至会荒废学业、影响家庭。对现实的不理解、不满或困惑，无法排解压力，或无法在现实中得到肯定和认同，都会使他们把网络作为排解、倾诉和发泄的对象，总希望在网络虚拟世界中能找到自己的精神慰藉或精神解脱，就好像借酒消愁愁更愁。而且他们越来越不愿回到现实中去，总是刻意回避现实中的问题，而不是努力想办法解决。对网络形成心理依赖也是自然而然的事情了。因追求独立的个性，所以竞争意识较强，但抗挫折能力较弱。近年来，随着学习和就业竞争压力加大，使部分学生心理存在相对孤独、敏感和脆弱感，承受能力差，适应能力和分辨能力降低。这也导致大学生心理健康问题的增多，影响了大学生健康成长和高校稳定。据最近一项专项调查结果，在当前“90 后”的大学生中，遇到挫折后，72. 3% 的人会开始怀疑自己的能力，5. 1% 的同学会因此一蹶不振，而只有 9. 4% 的新生愿意现实客观分析自己的不足并自我提高。这表明，大多数“90 后”在校大学生心理成熟度较低，抗挫折能力也普遍不够。

（2）结合大学生成长开展认同教育

大学生是社会的重要组成部分，也是一个特殊的社会群体，开展大学生社会主义核心价值观的培育和践行，就必须针对大学生的群体特点，这也是工作成功的关键。立足于大学生的群体特点，才能激发价值观培育的现实动力，提高大学生践行的自觉性。

第一，立足于校情，积极创设价值观培育和践行的有利环境。苏霍姆林斯基十分注重自然环境在思想教育中的作用，他十分强调大自然所蕴含的一种天然的无比的美，并强调大自然是我们一切智慧和道德的源泉，能使我们良心纯洁、情感信念端正、精神正直。这是心灵的陶冶，也是心灵的体操。苏霍姆林斯基一贯坚持和强调要利用大自然作为教育的内容，并提倡通过持之以恒的自然环境教育，使我们的青少年从小就树立关注自然、关心我们身边的任何事物，树立社会和自然和谐相处思想，树立环境道德意识，培养高尚的道德情感和情操。自然环境教育是一个极其重要的因素，没有这个因素，我们的一切道德教诲，诸如热爱美好事物、热爱生物、树立高尚的道德情怀、做善良的和富有同情心的人等，都将变得苍白无力，失去说服力。而培养富有关爱、同情心和善良的品质、培养热爱生命和美好事物的自然情怀，也是学校思想政治教育的基本目标。

学生精神生活与外部环境是联系越来越密切，环境的内容已经融入学生的实际生活当中，人的精神生活在同自然界和其他人的相互作用中得到发展和提升。因此，环境的因素也是学生精神生活的决定性因素之一。随着社会的不断发展，社会的开放程度进一步提高，学生与他周围的世界的联系内容更加丰富和多样，环境对人的精神生活的影响更加普遍。因此，教育再也不能放在实验室和花瓶里孤立地进行，必须联系周围的环境，运用多元的方式来进行。而自觉地创设优良的教育环境则是实现价值观教育和环境教育完美结合的关键一环。大学生由于还处于学习阶段，他们还不能够对社会有深刻的了解和把握，而大学校园却是他们每天生活和学习的最现实的环境，如果抛开这一环境去进行深刻的价值观培育和践行，那毕竟是空洞的和苍白的。当前的大学生自主意识强，关爱和包容意识薄弱，通过自然环境教育，通过环境美的创设使他们懂得和谐和相互关爱，这不仅有利于他们关爱和包容互敬等集体意识的培养，还能够培养他们热爱自然保护自然的生态意识，有利于社会主义生态文明建设。大学生社会主义核心价值观培育和践行，不仅要创设校园物质环境，让学生天天融进良好价值观培育的自然环境当中，耳濡目染，内化于心，还要创设有利于大学生社会主义核心价值观培育和践行的校园管理制度和行为规范，使大学生的日常行为始终处于正确的规范当中。要积极创设引导大学生行为的校园文化环境，通过大学校训、大学精神等凝聚和指引大学生爱校、爱国和爱自然。当然，还要将环境教育和理论教育、实践教育等有机结合，发挥共同的合力。

第二，将价值观培育同学生的心理教育和挫折教育等结合起来。按照大学生的成长特点，大学生虽然身体已经发育成熟，但心理上还未成熟，自我概念的增强与认知能力发展不协调。强烈的认知渴望同弱的认知能力的不协调，常常会使他们陷入思想认知的死胡同，并会产生较多的心理困惑。而社会实践的缺乏更加剧了这种困惑。

因此，我们不能只灌输价值理论和正面说教，而应关注他们在日常生活和学习中存在的各种心理困惑，并积极地加以辅导，才能够帮助他们走出心理困惑，使他们健康快乐地成长，这更是价值观培育和践行工作所要关注的。否则，不但不能使学生树立正确的价值观念，还会使他们产生更大的困惑，甚至走入歧途。在学生管理的实际工作中，我们会经常遇到学生因不能正确地认知和理解而产生困惑的问题，而简单的工作方式就是喜欢行政命令，不喜欢做耐心细致的思想工作，不注重心理上的释疑解惑，将价值观教育看成简单的理论说教和精神传达，非但学生的价值观没有树立起来，反而容易使学生产生逆反、对抗和偏执，走入了价值观培育的死胡同。学生在这一阶段会产生各种各样的心理困惑是正常的，需要我们都要认真对待并耐心引导和解决，切忌简单和粗暴。另外，还要将价值观教育与解决学生实际生活和学习中的问题解决起来，例如就业问题、婚恋观念问题、学习动力问题等等。

第三，用好文化载体，坚持“三贴近”原则。社会主义核心价值观作为思想观念层面的东西，是一种精神文化，本身就是一种文化形态的东西。文化形态的东西用文化载体来传播是一种最有效的载体。用好这个载体，最主要的就是做好大学精神文化的凝练，使之符合校情、贴近学生生活实际。须将大学生价值观培育与大学精神文化建设结合起来。文化载体的运用要坚持“贴近学生生活实际、贴近学生思想实际、贴近学校教育教学实际”的三贴近原则。要真正把价值教育思想融入学生生活中去，用他们喜欢的风格、听得懂的语言和可接受的方式来进行价值培育，真正做到通俗易懂，彻底解决价值观教育的“入世”问题。文化活动的设计要做到主题鲜明、内容丰富、形式多样、喜闻乐见，真正使社会主义核心价值观能够听得进、存得住、融于心、化于行。此外，价值观的养成是一个复杂的、长期的过程，因此价值观培育不能毕其功于一役，必须持之以恒。

此外可发挥专题式教育的育人作用，以党史学习教育开创青年社会主义核心价值观培育新境界。党史学习教育为培育社会主义核心价值观赋予新使命。从党的百年伟大奋斗历程中汲取继续前进的智慧和力量，以更加昂扬的精神状态和奋斗姿态建功新时代、奋进新征程，是开展好党史学习教育的重大任务，也是全体共产党人的使命和担当。新时代中国青年要担当好社会重任，就要践行好社会主义核心价值观。新时代、新任务，为社会主义核心价值观培育赋予了新使命，那就是要更加强化爱国主义教育。时代呼唤担当，民族振兴是青年的责任。只要青年都勇挑重担、勇担风险，新时代中国特色社会主义就能充满活力、充满希望。在新时代大力弘扬爱国主义精神，广大青年要听党话、跟党走，爱国爱民，激发爱党爱国爱社会主义的巨大热情，凝聚起奋进新时代、实现民族伟大复兴的磅礴伟力，用自己的一生奉献祖国、奉献人民，营造良好的社会风气。

党史学习教育为培育社会主义核心价值观注入新能量。“历史是最好的教科书。对我们共产党人来说，中国革命历史是最好的营养剂”，党的历史是最生动、最有说服力的教科书。习近平总书记多次强调指出，我们要铭记革命历史、传承革命传统，并用以教育广大干部群众，教育一代又一代青少年。无论是成就个人理想，还是担当时代使命，广大青年都要珍惜韶华、不负青春，努力学习掌握马克思主义立场观点方法，努力学习掌握科学文化知识和专业技能，不断提高内在素质、锤炼过硬本领，使自己的思维视野、思想观念、知识水平跟上时代发展要求。广大青年要自觉树立和践行社会主义核心价值观，从党史学习中汲取力量、激发信仰、获得启发、启迪智慧，自觉提升境界、涵养气概、激励担当、奋发有为，凝聚起勇敢前进的强大精神动力。

党史学习教育为培育社会主义核心价值观提供新路径。深入党史学习教育，要发扬马克思主义优良学风，开展特色鲜明、形式多样的学习教育。广大青年要牢牢把握党史学习教育的根本要求，坚持践行社会主义核心价值观，勇于创新，内化于心、外化于行，通过重走红色足迹、追溯红色记忆、访谈红色人物、挖掘红色故事、体悟红色文化，感受党的红色精神伟力，广泛开展讲述党的故事、缅怀革命先烈、寻访红色地标、寻访英雄模范等实践活动，准确把握我国新发展阶段的新特征新要求，深刻认识实现中华民族伟大复兴的使命担当。广大青年通过参加“三下乡”“返家乡”、团员向社区（村）报到等社会实践和志愿服务，深入广大农村和经济社会发展主战场，在一线奋斗中摸爬滚打，亲身感受艰辛历程、巨大变化、辉煌成就，深刻理解把握时代潮流和国家需要，全面了解中国经济社会发展成果，从中找到人生真谛、生命价值和努力方向，敢为人先、敢于突破，以创新创造贡献国家，以开拓进取服务社会，以真才实学奉献人民，在实践中检验党史学习教育成果，不断修正人生坐标，让青春在新时代改革开放的广阔天地中绽放绚丽光彩。

党史学习教育为培育社会主义核心价值观翻开新篇章。新时代，广大青年要更加清晰地了解党的光辉历史、感悟党的初心使命、领会党的创新理论、弘扬党的精神谱系、传承党的红色基因，更加自觉地以习近平新时代中国特色社会主义思想武装头脑，进一步增强“四个意识”、坚定“四个自信”、做到“两个维护”，不断提升政治判断力、政治领悟力、政治执行力，不断增强做中国人的志气、骨气、底气，树立为祖国为人民永久奋斗、赤诚奉献的坚定理想。要实学实干，脚踏实地、埋头苦干，孜孜不倦、奋楫笃行，在攀登知识高峰中追求卓越，在肩负时代重任时行胜于言，继续发扬红色传统、传承红色基因，赓续共产党人精神血脉，把流淌在党的生命中的红色基因激活，更好地培育和践行社会主义核心价值观，提升为社会主义现代化事业继续奋斗的德行和能力，为实现中华民族伟大复兴的中国梦贡献自己的力量。①

第四，增强理论的现实解释力。社会主义核心价值观是一个高度凝练的结果，具有十分深刻和丰富的内涵，也具有高度的抽象性。要将社会主义核心价值观的深刻内涵、作用、功能、地位、与传统文化的渊源、与西方价值观的关系、与社会主义核心价值体系的关系等讲解透彻和明白，没有系统的理论学习是不行的。进行社会主义核心价值观的培育和践行，首先就必须让学生从理论上弄清楚社会主义核心价值的相关理论问题，这除了系统的理论学习外没有他途。在理论方面，我们讲得较多，但实际效果达不到要求。理论只要彻底就能说服人。"传道者，自己首先要信道。"② 学生不爱听，究其原因，不是学生不需要，而是我们没有讲透彻；不是理论我们讲多了，而是我们讲少了；不是我们理论内容不丰富，而是我们讲的内容和形式结合不够。作为为学生释疑解惑的老师，首先我们要想清楚的是我们自己是否真的理解了、掌握了，是否我们自己信了，如果我们自己都不信、都没有理解和掌握，怎么能够引导学生去理解和掌握？更重要的是，价值培育中要坚决杜绝

① 汤菊平．以党史学习教育开创青年社会主义核心价值观培育新境界［EB/OL］．光明网，2021－06－08. https://theory.gmw.cn/2021－06/08/content_34909050.htm

② 习近平．把思想政治工作贯穿教育教学全过程 开创我国高等教育事业发展新局面［N］．人民日报，2016－12－09（01）．

“说行两张皮”的现象，真正做到知行合一，以老师的践行来带动学生践行。

要系统地掌握理论知识，思想政治理论课课堂是主渠道和主阵地，要充分利用好课堂的培育途径，注重内容和形式的精心设计，力求做到内容和形式的完美结合。此外，要加强理论联系实际，用学生能够看得到、听得见、有感知的实践内容进行讲解，增强理论的现实解释能力和理论的说服力。当前我们价值观教育中遇到的一个怪圈就是，一方面是我们党经过长期的社会主义实践总结和凝练的并经过社会主义实践检验证明是正确的、鲜活的中国特色社会主义理论成果，而另一方面我们的学生却没能深入理解和掌握。这关键在于我们没有将优秀的理论成果充分地与现实实践结合起来，使理论失去现实解释力，从而也丧失了说服力。因此，做到理论与实践的结合、做到知与行的结合，是大学生社会主义核心价值观培育和践行的两个立足点。

第五，充分运用新媒体技术，实现现实培育和虚拟引导相结合，“牢牢掌握网络宣传教育的主动权、主导权、话语权”[①]。新媒体技术的发展，不仅对传统思想教育方法带来了冲击和挑战，同时也为思想教育提供了新的平台和途径。思想政治工作进网络已经不是一个新问题，但效果不佳仍是困扰高校思想政治工作者的大问题。网络已经广泛深入高校大学生生活和学习的方方面面，不仅为他们生活和学习带来实实在在的便利，而且为他们即时获取海量信息提供了可能。以前教育者和被教育者信息不对称，教育者凭借信息优势居高临下的教育

① 陈宏建，彭凤莲．论高校辅导员在大学生社会主义核心价值观认同教育中的作用［J］．黑龙江高教研究，2015（12）．

局面被彻底改变。自主性学习、互动式学习正成为网络时代学习的新方式。况且，大学生求知欲望强烈，容易接受新鲜事物，对新媒体技术接受快，技术熟练，对网上事物感知能力强，但分辨力差。随着新媒体技术的发展，媒介融合出现了新变化，社交网络在开展思想政治教育中的作用得到充分发挥，极大地丰富了思想政治工作的网络和手段。但现在思想政治工作手段和方法远远滞后于新媒体技术的发展，网络新媒体技术在思想政治工作中的作用还远远没有发挥出来。我们的网站也建起来了，网络思想政治工作平台建起来了，网络学生思想政治教育专栏建起来了，但学生关注度不高，参与少、互动弱。价值观教育作为高校思想政治工作的一部分，加强对网络技术尤其是新媒体技术的运用，本是题中应有之义。针对学生特点，提高网络新媒体技术的利用率和利用效率也是当前价值观教育需要认真思考和解决的关键问题。

第六章　新时代大学生社会主义核心价值观认同教育输入性路径

推动新时代大学生社会主义核心价值观认同教育落地有效，除激发内生效能外，还应从外在要素层面进行赋能，着力于提供体制机制保障和要素供给，形成内生性路径和输入性路径的双向互动。

第一节　推动新时代大学生社会主义核心价值观认同教育机制建设

机制是长效保证。推动新时代大学生社会主义核心价值观认同教育须进行机制建设，结合认同教育实际，从其自身规律以及现实需要出发，构建起保障机制、监督机制、考评机制。

1. 做好大学生社会主义核心价值观认同教育保障机制

（1）大学生社会主义核心价值观认同教育规章制度建设

任何工作的有序开展，离不开切实可行的规章制度。有学者认为，制度承载着价值，传递着理念，社会主义核心价值观教育需要在制度建设中融入和贯穿。当前，高校要充分认识规章制度的重要性，并与之健全相关规章制度。建立健全规范合理的规章制度，是社会主义核心价值观教育的现实之需。从宏观层面看，制度是价值因素发挥作用的前提，因此，规章制度本身就是核心价值观教育的组成部分。当前很多高校建立起了社会主义核心价值观教育的相关规章制度，但是还有待进一步健全和完善。只有健全的规章制度保障，社会主义核心价值观认同教育才能发挥应有的作用。

当前，高校在社会主义核心价值观教育规章制度健全、实施方面，和立德树人的时代使命有一定的差距。有的高校尽管出台了相关的规章制度，但未完全落地，使得规章制度没有发挥应有的作用。健全大学生社会主义核心价值观教育的规章制度，要从四个方面入手：第一是要有明确领导和合理分工的工作制度。大学生社会主义核心价值观教育不是某一个部门能独立展开的，需要各单位、各部门紧密配合、相互协作。在建立"大学生社会主义核心价值观教育工作领导小组"的基础上，应该制定分工明确、权责清晰的工作制度；第二是要健全大学生社会主义核心价值观教育的基本程序，教务部门要以学期为单位，针对师资力量和大学生教育实际情况，设置环环相扣的课程体系，这样使得核心价值观教育在教学当中形成循序渐进的局面；第三是学校财务部门要做好核心价值观教育专门的年度财务预算，确保教育活动的持续进行；第四是要充分调动全体教职工的工作积极性和主动性，在教育教学过程的不同时间节点，健全目标量化管理服务制度。

（2）大学生社会主义核心价值观认同教育组织机构建设

从立德树人的维度看，大学生社会主义核心价值观教育，组织管理目标的明确是前提，高校要注意各部门之间的相互关系，根据高校的实际情况，建立相关组织机构，全方位地整合资源。总体上看，就是必须建立"全员育人、全方位育人、全过程育人”[①] 的组织机构。只有形成“三全”的机制格局，大学生核心价值观教育才能持续开展。建立“全员育人、全方位育人、全过程育人”的组织机构，体现在教学与管理的众多领域。具体来说，就是要建立由学校领导、各有关部门组成的“大学生社会主义核心价值观教育领导小组”，统筹协调核心价值观教育工作。

在“全员育人、全方位育人、全过程育人”的组织机构创建中，高校党委要统筹全校大学生核心价值观教育工作全局，高校内部的各职能部门负责教育领导小组日常教育工作的实施。如，学校团委、学生工作处以及教务处等部门，要在科技创新、社会实践、日常管理与服务工作中，为大学生社会主义核心价值观教育创造条件；学校宣传部门要通过校园传统媒体和新媒体，营造核心价值观教育的良好舆论环境；思想政治理论课和专业课教师在课堂上，讲清讲透社会主义核心价值观教育的意义以及倡导的内容，且以良好的师德师风，成为立德树人的榜样；大学生各社团组织要发挥群体带动作用，在社团系列活动中成为核心价值观教育的重要力量。

（3）大学生社会主义核心价值观认同教育师资队伍建设

高校德才兼备的师资队伍，是大学生社会主义核心价值观教育的重要前提。同时，高校师资队伍，也是确保立德树人根本教育目标推进的核心力量。高校社会主义核心价值观教育的师资队伍，主要由大学生德育辅导员、思想政治理论课教师、专业课教育、党群行政部门的领导与管理工作者、校外特聘专家学者等人组成。其中起主导作用的、与大学生接触最多的，

---

① 熊晓梅. 坚持立德树人 实现“三全育人”［N］. 光明日报，2019-02-14.

则是辅导员和思想政治理论课教师。师资队伍当中，辅导员这支力量尤其值得关注。一般而言，辅导员都是研究生毕业不久的年轻人，年龄方面和大学生差距不大，这也是辅导员从事社会主义核心价值观教育活动的优势。同时也要看到辅导员承担大量事务性工作，杂事缠身，这容易使得他们产生职业懈怠感。面对大学生价值观念迷惘的现象，有的辅导员不以为然。另外，思想政治理论课教师的教学任务繁重，专业课教师的科研压力过大。在这种现实面前，打造德才兼备的师资队伍较为迫切。

在社会主义核心价值观教育师资队伍建设方面，高校要统筹好老、中、青三支不同年龄结构的队伍，统筹好教授、副教授、讲师、助教四支不同职级的队伍。师资队伍建设中，尤其是要对青年师资队伍给予重点培育和支持。青年教师是高校事业发展的生力军，他们的业务能力和价值取向，对于大学生价值观的形成会产生不可低估的影响。然而，青年教师参加工作的时间不长，可在教学工作、科学研究、家庭生活方面均存在压力。在业务能力方面，青年教师的授课经验有待提升；在福利待遇方面，青年教师不及高级职称的中老年教师。高校要从立德树人的长远目标出发，一方面在青年教师中多措并举开展社会主义核心价值观教育，另一方面高校要不断改善青年教师的生活条件和工作环境，使他们工作、学习、生活中没有后顾之忧，安心于三尺讲台，安心于教书育人。

努力培养一支核心价值观教育战斗力强的师资队伍，是高校履行立德树人使命的前提。在培育坚强的师资队伍方面，坚持四个原则：一是严守入口关。要相应提高师资队伍的准入门槛，对于教学能力和专业素质不强的，坚决排除。二是培训常态化。这支师资队伍必须针对政治学、哲学、伦理学、心理学、社会学等相关专业举办常态化的培训，不断完善知识结构，丰富知识内容，树立“以德立身、以德立学、以德施教”[①] 意识，只有这样，在价值观教育过程中才有知识的底气。三是进行量化考核。在社会主义核心价值观教育的每个阶段，要对师资队伍进行量化考核，评估其是否实现管理目标，激发教育工作的动力；四是拓展职业空间。在职称晋升、干部选拔、进修深造等方面，对这支师资队伍要给予政策性的倾斜，拓宽他们的职业发展空间。

（4）大学生社会主义核心价值观认同教育物质条件建设

任何事业的推进，物质保障起到了基础性作用。如果没有必要的物质条件，所有的计划和设想都无法真正实现。从立德树人的维度看，高校开展大学生社会主义核心价值观教育，必须提供相应的经费支持和物质支持。经费和物质方面的大力满足，某种程度上而言，也能反映出高校领导层面真正重视这项教育。高校针对大学生进行核心价值观教育，高校后勤、基建等部门，需要想办法、克服困难，以此提供必要的场所和教育设施。

其一，固定的办公、教育、活动场地，是核心价值观教育的硬性前提。有的高校后勤部门存在“脸好看、门好进、事难办”的现象，后勤部门要牢固树立起立德树人的责任感，对于大学生核心价值观教育在物质条件方面进行积极支持。还有的高校，在大楼装修、校区扩建、环境绿化方面大量投入资金，而对于大学生价值观教育，抱着“能省则省”的心态，这在客观上对于价值教育带来不利。高校除了在经费、场地、

① 汤菊平．做新时代青年成长成才的引路人［EB/OL］．光明网，2019－04－03. https：//theory. gmw. cn/2019－04/03/content_ 32713944. htm

教学设施方面进行必要的支持外，还要增加辅导员名师工作室、骨干教师工作室等。针对大学生进行社会主义核心价值观教育，不免涉及大学生隐私性的话题，为了教师与大学生能单独交流，需要提供相应的场所。大学生社会主义核心价值观教育中，经常有群体性的交流活动，如从事政治辅导报告、名家专题讲座、文艺表演等等，则需要报告厅、礼堂，高校要提供对应的场所，以此保障教育活动的正常开展。

其二，先进的教育教学设备能为社会主义核心价值观教育“增光添彩”。在传统的教育活动中，高校提供教室、黑板、粉笔、教材资料即可，而在信息科技和网络科技飞速发展的这个时代，传统的教学手段已经无法满足价值观教育教学的需要。因此，高校要大力优化教育教学设备，跟上时代发展的步伐。比如，笔记本电脑、投影仪、数码相机、无线网络等就是基础性的条件。在社会主义核心价值观教学活动中，已经引入了微电影这种新方式。微电影主要是由学生根据核心价值观中倡导的理念，创作相关主题故事，然后运用摄像机等设备进行真人故事拍摄，最后形成价值观主题鲜明的故事短片。而进行微电影教学，学校需要提供摄像机、专业性的灯光器材、用于影视剪辑的专业计算机和专业软件。为了讲好“价值观故事”，高校要在硬件器材设备方面进行投入。大学生在“声、光、电”的综合作用下，能加深对价值观的认同和践行。

此外，高校在开展核心价值观教育的过程中，应积极探索高校之间的合作模式，实现资源共享、互惠互利，通过校际文化、科技、媒体资源的合作交流，发挥各自优势，能够使高校之间价值观教育的资源得到最佳互补、配置和共享。

2. 加强大学生社会主义核心价值观认同教育监督机制

(1) 大学生社会主义核心价值观认同教育奖惩机制建设

奖惩机制是一种通过社会性的干预，用以改变各种可能的行为对个人的影响，从而引导人们按照社会和组织所要求的形式，选择社会和组织所允许的行为，维护一定的社会和组织纪律。奖惩机制对个人品德的塑造、良好社会环境的形成，起着规制作用。一方面个人品德的发展，必须有一定的动力，奖惩机制正好使受奖者得到某种物质上或精神上的满足，对个人道德行为起到鼓励、支持和强化的作用，能促使“他律”向“自律”转变，塑造出高尚的个人品质。另一方面奖惩机制其实是对个人行为所做出的社会性、组织性的一种评价，这种评价是社会组织具有共同价值观的结果，若有人得到了肯定和奖励，则会对身边的人产生良好的影响，可以不断向他人传递出精神的正能量；若是有人受到否定和批评，则来自外界和来自心理的压力，迫使犯错之人慎重考虑行为与后果，并在权衡利害之后改正，同时这一责罚会对其他具有相似行为与想法的人起到严肃的警示作用。

高校对于从事社会主义核心价值观教育教学活动的教师，要进行多方面的奖励和照顾。其一，高校对于家庭生活中存在困难的教师，在工资、津贴、福利等方面，进行必要的照顾，缓解他们的经济压力。对于青年教师，高校在住房条件方面要多方面关爱，确保他们能安心投身核心价值观教学；其二，高校在教师职称职务评聘方面，人事部门要通盘考虑，对于尽职尽责的核心价值观教学骨干，要予以政策倾斜。在现实当中，有的中年教师授课水平高，在学生中深受欢迎，但是高级别的理论文章发表是短板，针对这种情况，高校不能以论文进行

“一刀切”，而应该具体情况具体对待；其三，高校对于在核心价值观教育中德才兼备的教师，要给予荣誉和尊严，激发他们的工作热情。例如，为了激发教师从事价值观教育活动的积极性，中国地质大学近年来专门开展“三育人标兵”评选、“师德标兵”评选、“最受学生欢迎的老师”评选、十佳班主任评选等活动。高校为了进行奖励，专门拨款。

在构建奖惩机制过程中，负激励不可缺少。高校对于触碰法律底线、严重违反校园管理制度的师生行为，应采取惩罚措施。其中，对规章制度不积极响应的后进行为，虽然没有破坏纪律，但是散漫的态度和不思进取的消极心理，能直接导致核心价值观教育活动效率的低下，若不对其必要的惩罚，则影响立德树人任务的推进，影响社会主义核心价值观教育的正常开展。高校利用负激励手段时，要对出现的问题加以关注分析，并及时通过有效手段进行“修复”，对于在社会主义核心价值观教育中产生恶劣后果的行为，要追究其相应责任。一般来讲，惩罚的方式分为多种。对抵制、攻击、阻碍社会主义核心价值观教育的学生，高校应该根据实际情况，进行相应的纪律惩罚，对于情节后果特别严重，涉嫌违反国家法规的，则要移交司法机关。国家法律法规具有明示作用，告诉人们哪些可以做、哪些不可以做，对于那些不合法规的行为做到有法可依、有法必依。

法律法规一方面可以扭转社会风气，另一方面可以理顺人们的社会关系，更重要的是，这种强制有力的约束方式，能保证社会主义核心价值观教育顺利推进。高校对于从事社会主义核心价值观教育工作的教师，要进行课堂纪律教育，不该讲的话，坚决不能讲，正确对待课堂教学和学术研究之间的关系。例如，武汉某高校一教师课后以辅导为名对多名女大学生非礼，触碰法规底线，严重损害了高校教师立德树人的良好形象，受到法律的惩戒。当前，高校要大力进行师德师风教育，教师不仅在课堂上争做学生践行大学生社会主义核心价值观教育的楷模，课堂之外同样也要严于律己。

（2）大学生社会主义核心价值观认同教育约束机制建设

优良的传统道德，是中华文化画卷中的精彩之笔，也是在历史长河中历久弥新的精神资源。优良的传统道德，已经渗透于人们的精神血液。道德虽然不像法律那样具有强制作用，但是具有约束功能。在高校社会主义核心价值观教育中，要充分发挥好、利用好道德的约束力量。道德约束，也是高校核心价值观教育中机制建设的重要内容。在校园各个角落，随处可见的标识标和提示牌，如“请保持环境卫生”“请爱护花草树木”“请不要乱扔垃圾”“请勿大声喧哗”等，能起到道德约束的作用，提示大学生规范其言行举止。道德约束不仅是对中华优秀传统文化的继承，还对于大学生的价值观教育起到积极作用。

高校要建立健全道德约束机制，以道德观念为先导，不断激发社会主义核心价值观教育中的责任感、使命感，提升大学生的道德认知境界。例如，2014 年下半年，武汉市以创建全国文明城市为契机，向全市所有高校发放社会主义核心价值观教育倡导内容的宣传卡片、挂图、横幅等，各高校均积极响应，广泛张贴宣传。这种方式，一方面强化了大学生对核心价值观倡导内容的认知记忆，另一方面对于约束大学的道德行为，起到了潜移默化的作用。

舆论能引导社会评价的方向。舆论所发挥的力量，能塑造整个社会的风貌，社会各个领域、各个行业都需要舆论监督。高校开展社会主义核心价值观教育，同样离不开舆论的监督。

从立德树人的维度看，高校在核心价值观教育中，要主动构建舆论监督机制。如果社会主义核心价值观教育中缺乏舆论的监督，那么价值观教育就有走调变形的潜在风险。高校构建行之有效的监督机制，主要是在校园媒体监督方面下功夫。高校校报、广播、电视、网络新媒体，对于核心价值观教育活动，以正面报道为主，同时也要发挥其舆论监督功能。对于校园内有悖核心价值观的言行举止，要讲究传播策略，进行批评报道。具体可以采用新闻消息、新闻评论、新闻图片、新闻视频等方式，做到有效监督。监督报道中，对于语言的遣词造句，要把握好轻重缓急。对于监督的人物和事件，其真实性要展开核查，做到有理有据，避免虚假新闻的传播，给当事人名誉带来损害。

3. 完善大学生社会主义核心价值观认同教育考评机制

（1）大学生社会主义核心价值观认同教育评价机制建设

从立德树人的维度看，高校开展大学生社会主义核心价值观教育，是一个完整、严密的系统。其中，教育评价是这个系统的终端部分。教育评价是对教育效果所作出的评判，其目的是总结其教育经验，发现教育中的不足，以此更好地推进教育活动。教育评价由两个部分组成：一是面向大学生的评价，其主要是高校从宏观层面，了解、把握大学生核心价值观教育的总体状况；二是面向社会主义核心价值观教育中的教学部门、管理部门和服务部门的评价，其主要是通过相关指标体系，形成督促作用。高校构建社会主义核心价值观教育的评价机制，主要是在两个方面下功夫：

其一，细化工作指标，开展过程评价。大学生社会主义核心价值观教育，涉及高校的教学部门、职能管理部门和后勤服务部门。教育最终效果的实现，不仅仅是教学部门能单独完成的，需要职能管理部门和后勤服务部门的全力协作与配合。高校社会主义核心价值观领导小组，要充分发挥领导职能，在每学期伊始，对于涉及核心价值观教育的部门，发布核心价值观教育的工作计划，有目的地督促有关部门在教育管理过程中履职尽责。工作计划中，对于不同单位和部门，要设置相应的工作指标体系。有的高校发布的教育工作计划，内容空泛，使得各单位和各部门在具体的教育管理服务中无从下手，经常出现相互推诿、敷衍塞责的现象。工作计划中拟定各项指标，有利于各单位各部门具体开展工作，也有利于领导小组对核心价值观教育的过程做出最后的评价。在过程评价中，根据工作指标体系，主要是对教学部门中教师备课、授课、课后答疑的情况进行过程评价，同时对教师践行核心价值的情况进行评价；对于教务部门，主要是对教育课程人数规模、课时分配、规范教材使用等一系列情况进行过程评价；对于群团组织，主要是对社会主义核心价值观教育中开展的文化活动、志愿服务活动等指标体系，进行过程评价；对于财务部门，主要是对教育中专项经费的投入与使用情况进行过程评价；对于后勤部门，主要是对物资硬件支持等情况进行过程评价。通过设立工作指标体系，对社会主义核心价值观教育过程进行评价，能够提高教学、管理与服务工作的效率，有助于大学生核心价值观教育的持续开展。

其二，细化评价层次，开展效果评价。高校进行社会主义核心价值观教育评价，要树立起科学观念，这考验着高校的治校水平。在少数高校中，有的领导不经过充分调研，不依靠统计数据作为支撑，完全凭靠直观感受，拍着脑袋对某一个事情做出武断的评价。这种工作作风，对于社会主义核心价值观教育而言极为不利。总体上讲，大学生社会价值观教育效果评价，可以可分为很差、差、合格、良好、优秀五个不同的层次。高校对效果评价结果统计，是进一步开展核心价值观教育的科学依据。同时，高校要将社会主义核心价值观教育效果评价的最终结果，纳入学校各单位各部门的年终考核体系之中，以严明的奖惩制度，调动教育工作者的积极性。

（2）大学生社会主义核心价值观认同教育信息反馈机制建设

反馈是控制理论中的一个概念，是指系统输出的信息或输出的信息所导致的结果通过一定的通道返送到系统输入端，从而对系统的输入和整个系统的运行情况加以影响和调整的过程。在现代社会中，反馈是普遍存在的一种控制方法，其普遍性和可靠性对每一次决策的形成、实施和总结起到监督约束作用。从立德树人的维度看，大学社会主义核心价值观教育也要充分重视信息反馈机制的建设。

大学生一方面是核心价值观教育的主体，另一方面也是核心价值观教育中的信息反馈者。“90 后”的大学生，个性鲜明、思想活跃，由于信息流通渠道不对称，高校教育者对大学生的价值观状况时常出现无法全面把握的现象。而建立完善的反馈机制，高校能及时了解大学生的思想动态，提升教育的实效性。在无线互联网普及的时代，大学生接收信息的速度快，了解信息的范围广，而自身的阅历又无法使得大学生完全明辨网络信息真假。在这种情况下，大学生群体无疑是为信息反馈的主体。教育者应通过有效的反馈机制，及时掌握大学生的价值观现状，然后针对不同的问题，采取相应的措施，解决价值观教育中的难题。

信息反馈并不是单纯的单向性反馈。相反，建立完整、系统的核心价值教育信息反馈机制之关键，在于信息的确凿和有效的沟通。这是因为，信息反馈的最终目标，是帮助大学生在灵魂深处牢固树立核心价值观教育。而要实现此目标，则有赖于价值观教育信息的有效沟通。信息的有效沟通，既包括大学生向教育者的信息反馈，也包括教育者向大学生的信息反馈。从追求信息有效沟通的角度而言，应当建构一个由信息收集、信息处理和信息回应构成的信息反馈机制。信息反馈机制主体和客体，分别是高校教育者和大学生。信息反馈机制由大学生价值观教育领导小组统筹负责，由学校专职工作人员负责信息收集整理工作，在价值观领导小组的部署下，学校各相关部门分工进行具体的信息处理工作，最终进行信息反馈。信息反馈机制构建，要在以下三个方面下功夫：

其一，信息反馈机制的构建中，要加强信息收集。信息收集分为线上、线下两个部分。线上系统即从网上收集信息，要通过建设专门的网站、网页、设立电子信箱等方式，搭建网上信息收集平台。其中，尤其要重视微信、微博、QQ 等新媒体的作用。线下系统即在现实交往中获取信息，如调查问卷、开座谈会、个人访谈等等。信息收集过程中，可以由专职工作人员和辅导员组成信息收集工作小组，工作小组根据信息针对的不同部门，对信息进行分类系统整理。同时，信息收集应当形成长效机制，信息收集中所获取的价值观教育现状，应当定期向学校党委部门和价值观领导小组进行通报。

其二，信息反馈机制的构建中，要加强信息处理。高校大学生社会主义核心价值观教育领导小组，对于前期信息收集小组通报的信息要认真对待，并且有效处理。价值观教育领导小组在处理反馈信息的过程中，应当区分收集来的信息，针对大学生社会主义核心价值观教育中呈现出的重点问题进行重点处理。比如，对于价值观课堂教学中学生对理论学习热情不高的问题，教育领导小组要主动和教学单位的负责人及相关老师进行约谈，共同商议其面对的问题；对于校园文化建设中核心价值观不能充分彰显的问题，教育领导小组则要主动和文化活动主办方进行约谈，商议应对的方法。总之，在信息处理环节，价值观教育领导小组要发挥其调控作用，为高校社会主义核心价值观教育保驾护航。

其三，信息反馈机制的构建中，要加强信息回应。信息回应是信息反馈机制的终端环节。信息回应过程中，应当注重点面结合，建构信息回应的立体布局。所谓“点”的回应，即要对信息反馈的源点进行回应。所谓“面”的回应，即要对反馈信息所反映的某个“面”上的问题进行集中回应。比如，在大学生核心价值观价值心理环节中，老师所讲内容枯燥，难以引起学生兴趣；教师授课方式单一，难以进行价值体验；等等。这些反馈信息就表明，在社会主义核心价值观教育的心理环节中，课堂教育效果这个“面”需要得到提升，而价值观教育领导小组需要通过统筹教务处和教学单位，以组织讲课比赛等方式，提升教育者的课堂教育效果，来实现对“面”的集中回应。

第二节　做优新时代大学生社会主义核心价值观认同教育“供给侧”

新时代大学生社会主义核心价值观认同教育要有成效，关键在于社会主义核心价值观自身的理论魅力、说服力和感染力，以及认同教育的阐发力、解释力和吸引力，概括起来就是供给力。增强新时代大学生社会主义核心价值观认同教育效能，需要向“供给侧”发力。

1. 以理论认同增强大学生社会主义核心价值观认同基础

理论认同是影响新时代大学生社会主义核心价值观认同的第一影响力。理论是行动的准备，认知是行为的先导，错误的认知会带来思想的混乱以及行为的偏颇，只有科学而全面的认知才能使人透过现象看到事物的本质，才能使人心明眼亮、坚定理想信念。这就要求高校的大学生社会主义核心价值观认同教育体系以认知认同的科学性、全面性、连续性为主线，围绕“讲透理论”的着力点，增强认同的引导力。

一是着力提高认知的科学性。这里具体指认知的立场、观点与方法，即站在什么样的立场上，使用什么样的观点，运用什么样的方法来进行主体认知与社会主义核心价值观认知，最终形成怎样的认知认同。大学生的身心发展特点决定了他们在面对错综复杂的问题时，容易以偏概全、以点概面，甚至存在脸谱式认知以及认知情绪化的倾向，导致认知偏差。马克思主义是被实践证明了的、科学的、人民的理论，也是认识的理论、实践的理论，是人们认识世界、改造世界锐利的思想武器，为大学生社会主义核心价值观认同提供了科学的世界观与方法论。马克思主义以人民为根本立场，以辩证唯物主义和历史唯物主义为根本方法，提出了一系列关于自然、社会、人类思维发展一般规律的科学认识。正因为此，我们在找到马克思主义的理论武器以后，在不断中国化的过程中，积贫积弱的旧中国才迎来了独立、解放与发展的新时代。目前大学生对于“四个自信”的认同度总体较高，表明大学生们形成了对新中国成立以来 70 多年的辉煌成就的高度的自信心和自豪感，也强化了其对于中国特色社会主义乃至于马克思主义的整体认同。为推进大学生对马克思主义以及中国特色社会主义的认同工作提供了最好的现实逻辑。当前需要做的就是以此为依托，讲好讲透马克思主义，尤其是中国化的马克思主义的历史逻辑与理论逻辑，使马克思主义的认同彻底在大学生群体的脑海里生根发芽。学生们掌握了马克思主义的立场、观点、方法，学会客观地、全面地、发展地、系统地看问题、处理事情，就能够透过现象看到事物的本质，更好地认识自己、认识社会、认识国家、认识世界，从而避免迷茫、迷失甚至被裹挟。

具体地说，如何使学生建立对社会主义核心价值观以及自身的认知科学性以达到深层次的认知认同？关键在于思政课和思政课教师。

加强思政课精品建设。作为高校意识形态教育主阵地的思政课，如何在培育大学生的社会主义核心价值观过程中发挥出主渠道作用，是值得认真思考和积极探索的重要课题。“人的价值观总是在特定的环境中形成和发展的，对于置身于具有社会主义核心价值观浓厚氛围的教学场所中的大学生来说，不知不觉中受到心灵的感染、情操的陶冶、哲理的启迪，进而形成正确的价值观念。”① 因此，多维度建立起大学生社会主义核心价值观的立体化教学体系，倾力打造精品思政课，更好地承担起对大学生进行系统的社会主义核心价值观教育的任务，无疑是提升思政课的教育教学实效性的有效途径。思政课堂要尊重学生的主体性，按照“切点灵活、语言用活、素材鲜活、思维激活、内容盘活”② 原则，打破旧有的一味灌输宣讲模式，通过参与式教学、创新教学手段、综合运用多种教育教学

---

① 杨宗兴．大学生社会主义核心价值观认同教育路径论析［J］．广西社会科学，2017（05）．

② 吴跃本．高校社会主义核心价值观认同教育的需求侧思考［J］．黑龙江教育（理论与实践），2020（09）．

方法等，着力提升课堂的教育实效性，将社会主义核心价值观贯穿始终，突出思政课教学的思想性，真正使广大学生“入耳、入脑、入心”。当前的思政课距离社会主义核心价值观培育的主渠道作用、价值引领的高地重要站位还相差很远，需要进一步深化改革创新。这就需要各高校高度重视，认真贯彻落实《关于深化新时代学校思想政治理论课改革创新的若干意见》，从主体、载体、方法、模式各方面完善高校的社会主义核心价值观教育教学体系，要坚持政治性和学理性相统一；坚持价值性和知识性相统一；坚持建设性和批判性相统一；坚持理论性和实践性相统一；坚持统一性和多样性相统一；坚持主导性和主体性相统一；坚持灌输性和启发性相统一；坚持显性教育和隐性教育相统一，打造使学生“听得懂”，并且“喜欢听”“用得上”的思政金课。

加强高质量思政课教师队伍的建设。思政课的教师是大学生社会主义核心价值观认同教育的主力军，建设一支政治强、情怀深、思维新、视野广、自律严、人格正的思政课教师队伍是上好思政课的关键，“让有信仰的人讲信仰”才有感染力和信服力。这就要求思政课教师对马克思主义真学、真知、真懂、真信，讲好、讲通、讲透马克思主义的三重逻辑，即历史逻辑、理论逻辑、现实逻辑。思政教师队伍建设，首先要严格选拔标准；其次要建立终身学习的理念，加大岗前培训与在职学习的力度，不仅是理论本身的学习，还包括教学水平的提升，使其真正“强于理论、精于专业、本于学生、先于时代”，真正做到“用真理的力量感召人，用人格的力量感染人，用真挚的情感打动人，用生动的形式吸引人”；同时，要重视博士后备人才的培养，国家要加大力度向马克思主义理论学科博士培养的倾斜，重点培养一批对马克思主义理论“真学真懂真信真用”的思政课教师后备力量；最后，作为教育主体的思政课教师，要发挥思政课教师的个人魅力与团队协作整体优势，提升在思政课教学中的主导作用，思政课教师应注重优势互补，通过“宣传部门、学生处、团委、学生社团等部门的通力合作”①，合力打造高、精、尖的教学团队，彰显课程实效。

二是大力增强认知的全面性。具体来说是对社会主义核心价值观相关认知内容的全面性理解问题，包括对于社会主义核心价值观本身的意义、内容、内核等认知的全面性，也包括大学生对于自身主体认知的全面性，涉及大学生的自我身份感、存在意义感以及社会归属感。“内化与外化是思想政治教育过程中既对立又依存的两个范畴，内化可谓先导，外化可谓目的，而其中内化具有高度的自发性与自觉性，它是受教育者主动把外在的社会规范吸收为内在的个人行为准则，力图达到外化而内不化的人生追求。”② 这种全面性一旦实现，就打通了内化和外化的双向互动。为了实现认知全面性，高校大学生社会主义核心价值观认同教育应从以下方面着力：

一方面，就社会主义核心价值观认知的全面性而言，要通过思政课程的主渠道系统而全面地讲授社会主义核心价值观的理论逻辑、历史逻辑与现实逻辑，使学生对社会主义核心价值观建立起全面的、系统的理性认知。教学安排上，大学阶段从本科、硕士到博士研究生阶段一共开设七门思政课，这就要求思政课教师在准确把握课程内容与教学目标的基础上，紧密地

---

① 魏晓波．自媒体时代高校学生社会主义核心价值观认同对策探析［J］．山东社会科学，2015（S2）．

② 吴跃本．高校社会主义核心价值观认同教育的需求侧思考［J］．黑龙江教育（理论与实践），2020（09）．

融入社会主义核心价值观，纠正学生对于社会主义核心价值观的曲解与误解，不能把社会主义核心价值观讲浅了，要讲清楚社会主义核心价值观的来龙去脉，讲清楚社会主义核心价值观基本内容的内涵与外延、提出的意义、发展的源流、与社会主义核心价值体系的关系、与中国梦的关系、与其他国家核心价值观的比较优势等一系列问题。思政课要担当起培育与践行社会主义核心价值观的主渠道之责，从社会主义核心价值观的整体性、全面性知识链条中来把握社会主义核心价值观，不能将社会主义核心价值观“三个倡导”割裂开，不能将社会主义核心价值观与社会主义核心价值体系割裂开，要把社会主义核心价值观放在马克思主义中国化的历史进程中，放在实现中华民族伟大复兴的中国梦征程里，放在科学社会主义的价值追寻中，坚持理论与实践相联系、历史与现实相贯通、国内与国外相对比，把社会主义核心价值观讲清、讲透、讲深、讲活、讲实。近些年，思政课进行了一些创新与改革，取得了实效，然而也出现了“技术过热”“片面追求形式”等问题，无论何时，“内容为王”都是教学改革创新之本，形式再花哨、气氛再热烈、技术应用再娴熟，也不能以形式代替内容，形式永远是为内容服务的。

另一方面，就大学生主体认知的全面性而言，要重点加强大学生的理想信念教育，以激发大学生的主体觉醒与价值觉醒。新时代中国青年处在中华民族发展的最好时期，既面临着难得的建功立业的人生际遇，也面临着天将降大任于是人的时代使命。当代大学生是同新时代共同前进的一代，作为知识分子的一员，比其他群体应该对国家、社会承担更多的责任。当前一定比例的大学生对于中国社会的主流意识形态认同存在一定程度的弱化、对于理想信念的设定存在一定程度的偏离、对于价值选择存在一定程度的迷茫。表明在“价值的碎片化”“多元价值冲突”的今天，如何通过课堂、校园文化、社会实践等诸多方式进行行之有效的理想信念教育，进而加强大学生的群体情感，强化广大学生的“我们感”，增强其社会主义建设者和接班人的使命感，这样一系列问题变得迫切而重要。

理想信念的建立，对社会主义核心价值观信仰的确立，需要真理与价值两个维度的双重构建。是否真理，即“是否具有科学性”；是否有价值，即“是否值得去做”。社会主义核心价值观为人们指明了国家、社会与个人发展的目标，是国家、社会与个人三个层面理想的集合，它的发展指向是富强民主文明和谐之国家、自由平等公正法治之社会、爱国敬业诚信友善之个人，并以实现共产主义为终极目标。“富强民主文明和谐”“自由平等公正法治”“爱国敬业诚信友善”分别为大学生成长成才提供国家保障、社会保障以及自我保障；同时国家与社会发展目标的实现，又需要一个又一个“爱国敬业诚信友善”之个体的努力，在社会主义核心价值观中，国家、社会和公民三者是和谐统一的整体，是相互依赖而存在。社会主义核心价值观所勾画的“理想世界”可以让大学生以之为现实所处世界的补充，在为之奋斗的过程中实现自我超越，满足大学生成长成才、实现全面发展的需要。可见，社会主义核心价值观是真理性与价值性的统一。高校的育人体系要力争使学生深层次、系统地对社会主义核心价值观的科学性、崇高性、价值性实现全面的认知认同，将其理想信念的追逐建立在科学与价值的基础上。

讲好理论的同时，也要注重“党史、新中国史、改革开放史、社会主义发展史”教育，十九届四中全会明确把“理想信念教育常态化、制度化”作为“社会主义核心价值观引领文化建设制度”的第一条要义，明确加强“四史”教育，让学生在大历史中读懂中国发展的脉络，史论结合，在历史的厚重里讲授理论的深度，在铭记历史中审视现在、展望未来，使学生真正读懂、读透社会主义核心价值观的理论体系，彰显社会主义核心价值观信仰本身的理论魅力。同时，理想信念教育，在注重“立”的同时，也要敢于“破”，所谓“不破不立”。思政工作者要敢于对非马克思主义、反马克思主义等的错误思想亮剑，既旗帜鲜明，又有理有据，帮助大学生辨明是非，提高自觉抵制力。另外，要注重弘扬民族精神与时代精神，让一个又一个鲜活的、承载着民族精神与时代精神的人物或人群走进学生的心里，使大学生们从历史的、世界的视野中找到自己的位置，明确自己的责任，以理想、信念铸就活的灵魂。

三是全力推进认知的连续性。这里的连续性是指认知教育的连续性，认知教育的连续性供给可以形成串联起大学生整个大学生涯的纵贯线，供给的连续性是大学生形成对社会主义核心价值观认知认同连续性的保障。认知教育的连续性包含三个基本的方面：

首先，突出时间上的连续性，从贯穿单门课程教学的全过程，到贯穿大学学习全过程。以新生入学为开端，以毕业离校为收尾，贯穿整个大学生活，体现高校“大思政”在全过程育人中全员参与、全方位推进。时时、处处，让大学生浸润在社会主义核心价值观的滋养中，发挥“盐”的功效。

其次，强调课程内容设置的连续性，以保证在为大学生提供持续性的认知供给的同时，亦能满足不同年级、不同阶段学生的不同层次的需求。这里的连续性不是简单地、机械地重复相同内容，而是注重时间上的不间断，兼顾学生不同阶段需求侧的变化进行不同层次性内容的供给。

研究生阶段重在开展探究性学习，本专科阶段重在开展理论性学习。贯穿本科、硕士、博士阶段的七门必修思政课，其内容均深深根植于社会主义核心价值观，但侧重点各有不同，呈梯度递进，这是国家对高等教育阶段大学生社会主义核心价值观培育与践行的连续性供给的政策性安排，要求思政课教师能够从各门课程的学理属性与授课目的的角度，融入社会主义核心价值观，有针对性地进行不同层次的解读。本科阶段思想道德修养与法律基础课程侧重从人生观、道德观、法治观教育的角度解读社会主义核心价值观的实践性与规范性；中国近现代史纲要课程侧重从中国近现代史的历史进程阐明社会主义核心价值观的历史必然性；毛泽东思想和中国特色社会主义理论体系概论课程侧重从马克思主义中国化的维度阐释社会主义核心价值观的实践基础与现实意义；马克思主义基本原理课程从科学社会主义的视野讲授社会主义核心价值观的价值追寻；形势与政策课程从国内外时政热点解读以及中西方价值观比较中揭开社会主义核心价值观的现实意蕴；硕士研究生阶段的中国特色社会主义理论与实践研究课程，以系统性的中国特色社会主义理论逻辑与实践逻辑全面展现社会主义核心价值观的理论与现实进路；博士研究生阶段的中国马克思主义与当代课程，运用当代中国马克思主义的世界观与方法论深度说明社会主义核心价值观的世界眼光与战略思维。

最后，确保多维载体的同向发力，发挥协同效应，消解此消彼长的内耗，增强育人效果的连续性。“三全”育人关键在于“育”，依托于“全”，对于社会主义核心价值观认同的教育工作是将其贯穿起来的红线。无论是课程育人、学科育人，还是教师育人、学生同辈群体育人，抑或是环境育人、网络育人都要同向同行，减少彼此间的弥散与消解，实现课上与课下、网上与网下协同育人的合力，即空间层面的“全域育人”。对社会主义核心价值观认知认同的连续性供给还体现在专业课、基础课与通识课之间的协同育人，体现在科研育人、管理育人、服务育人等十大育人体系各个方面的相互有效衔接，“积极将社会主义核心价值观的教育目标与思想政治教育的教育目标、学生工作的教育目标和学科教育的目标等密切结合”①。社会主义核心价值观不是思政课与思政教师的独角戏，需要全员发力，可以鼓励在全校开设社会主义核心价值观为主题的公选课，来拓展社会主义核心价值观的影响力以及覆盖的强度与密度。当然，这里要避免与其他思政类必修课内容上的重复性，重点在多角度对社会主义核心价值观进行诠释，比如上海高校开设的中国系列通识课程邀请校领导、专家、学者合力为学生从多层面解读中国，达到了很好的育人效果，也可以为我们所借鉴、效仿。

课程思政与思政课程的育人连续性是实现大学生社会主义核心价值观认知认同连续性的重要衔接问题。课程思政之课程包括专业课、公共基础课以及通识课，三者不像思政课具有明显的意识形态性，将社会主义核心价值观与其课程内容深度融合，学生更容易被其影响。高校教师要从思想的高度认同社会主义核心价值观，真学、真懂、真信、真用，以身作则，要不断增强理论引导能力、学术研究能力、课程教学能力。现代思想政治教育学将思想政治教育分为主体、客体、介体、环体四个方面，就社会主义核心价值观认同教育而言，其“主体”

---

① 李晓勤．高校社会主义核心价值观认同教育存在的问题及其对策［J］．理论观察，2015（04）．

是指施教者，即全体大学教师，在这个教育教学过程中发挥主导作用；与之相对应的“客体”，是受教育者。亲其师，方能信其道，所以教师的水平、修养、价值观、人格魅力等均直接影响到教育教学的效果。因此，广大教师要高度重视大学生社会主义核心价值观认同工作的重要性。教师只有对培育大学生社会主义核心价值观发自内心地认同，才能将其融进课程、注入课堂，真正武装学生的头脑，发挥课程思政的育人之效。中共中央《关于培育和践行社会主义核心价值观的意见》强调要“建设师德高尚、业务精湛的高素质教师队伍”。教师之责乃“传道受业解惑也”，大思政之下每位教师都应守好自己的那段渠，种好责任田，与思政课同向同行、合力育人，同时，“身教重于言传”，教师要率先垂范，“做社会主义核心价值观的坚定信仰者、积极传播者、模范践行者”。这就要求高校在教师队伍建设方面，首先要严格选拔标准，重视思想政治素质的考核；其次要加大岗前培训与在职学习的力度，不仅是教学水平的提升，还包括思想政治理论的学习，使其真正“强于理论、精于专业、本于学生、先于时代”；学校要建立全校教师的育人共同体，既包括思政课教师显性教育与其他教师隐性教育的聚合，也包括思政课教师之间的共享、共建与共进。

2. 以情感认同增强大学生社会主义核心价值观认同驱动力

情感认同紧随“认知认同”其后，构成影响新时代大学生社会主义核心价值观认同的第二大影响力，“是培育和践行社会主义核心价值观的关键”①。认知认同解决了“能不能”

① 陈庆国，张莹．新时代大学生社会主义核心价值观认知逻辑探究［J］．东北师大学报（哲学社会科学版），2021（06）．

的问题，情感认同聚焦的则是“愿不愿”的问题。社会主义核心价值观认知认同使大学生明确了其价值内核，明确了“我们这个国家、这个社会到底要什么”，也明确了其对公民个人的要求是什么，实现了对于社会主义核心价值观以及自我的理性认知，但很多时候人们认识到了却未必真的去践行，这就需要通过情感认同去推动实现，从外在的要求“应该做”过渡到内在的情感驱动——“愿意去做”。因此，高校要“遵循大学生社会主义核心价值观认同各子系统的现状和内在思想转化机制，以提高大学生的知识知晓度为教育重点，以培育情感认同为核心突破口”。[①] 充分考虑大学生的现实需求与情感需要，给予价值关怀与人文关怀，围绕“关注需要”的落脚点，做到主体融合、情感融合、视域融合、话语融合、场域融合等“五融合”，增强认同的驱动力，以此激发大学生的情感这一非理性因素，进一步促进其将社会主义核心价值观内化，重构自身的价值体系，最终外化为稳定的实践行为。

一是自觉实践师生共育的主体融合。“实践是理论之源”[②]，高校的大学生社会主义核心价值观认同的培育与强化必须以实践为逻辑起点，站在“人的高度”来审视自身，从大学生的主体需要出发，马克思强调，人不是抽象概念，而是作为现实的、活生生的、特殊的个人都是这种存在物。在高校的大学生社会主义核心价值观认同教育系统中，教师是教的主体，起主导作用；大学生是学的主体，起主动作用。大学以“立德树人”为根本任务，人才培养的效果如何，关键还是要

---

① 邢鹏飞．大学生社会主义核心价值观认同现状与培育对策调查研究[J]．高校教育管理，2018（02）．

② 王伟光．当代中国马克思主义的最新理论成果——习近平新时代中国特色社会主义思想学习体会［J］．中国社会科学，2017（12）．

看离开校园时，学生持有什么样的价值观。大学生社会主义核心价值观认同教育的目标是为了影响大学生的思想与行为，教育的效果最终要在学生身上体现出来，这一过程中社会主义核心价值观被接受、被认同是关键，大学生并非是被动的受体，他具有主动性、选择性。大学生社会主义核心价值观认同教育的过程是“双主体”——教师与学生，也是教与学双向互动的过程，学生主动性的发挥、积极性的调动决定着认同的层次、程度和水平。因此，教师首先要发挥自身的主体性进行教学改革与创新，探索能够激发学生主体性的教学方法与教学模式。

综合运用多种教育教学方法，增加大学生的参与度，满足其主体需要，提升思政课教学的实效性。思政课是意识形态课程，不仅是知识教育，更是思想教育、信念教育。传统的思政课堂主要为教师一人的独白，一味地灌输，既忽视了学生的主动性与思想实际，也大大削弱了教学效果。思政课要在授课过程中完成培育大学生社会主义核心价值观的政治任务，其关键就在于思政课教师要了解学生所思所想，关注学生的思想动态，走进学生的内心。大学生是一个具有高度主体自觉性的群体，只有让学生真正地参与进来，变被动为主动，引导发挥他们的主观能动性，才能让学生真正地将课程内容入脑、入心，实现教学目的，这就要求“要深入调研、广泛征求学生意见和建议，反复斟酌，用能体现对大学生认同和践行核心价值观的最根本要求来设计和规范教育内容和各类教育活动，确保教学、教育实践活动的规范化、制度化、常态化、生活化”。[①]

---

① 纪安玲，谢安国．大学生社会主义核心价值观认同教育引导机制的四维构建［J］．西安文理学院学报（社会科学版），2018（03）．

思政课教学过程中要综合运用多种教育教学方法，增加学生的参与度，变“旁观者”为“参与者”，提升思政课教学的实效性，访谈问答、课堂微辩论、小班讨论、网络互动、主题实践、课前剧、定制作业等丰富多彩的形式对于提升思政课的教育教学效果大有裨益。访谈问答、网络互动，让学生提出问题、表达感受、确证认识、阐述观点；定制作业，使学生发挥专业所长，用语言、刻刀、画笔表达对课程内容的省思；课堂微辩论、小班讨论，让学生们各抒己见，在思想的交锋中梳理个人观点；主题实践、课前剧、参加学生讲师团，让学生通过亲身经历或角色扮演，生动体会、深切感受。须记得培育是过程，践行是目的，“培育的实效总是以实际行为的践行为验证的，且一次一时的行为举止也难以验证稳定的价值观培育效果，只有以稳定的、持续的、实际的行为作衡量，才能检验培育和践行社会主义核心价值观的真实实效。”① 所以，思政课要根据课程内容综合运用多种教育教学方法，发挥学生的主体性作用，调动学生的积极性、主动性，进而提升思政课教学的实效。

同时，教师与学生“双主体”的教学模式构建是对传统课堂教师是唯一主体的超越，除了综合运用多种教学方法以外，教师应积极进行教学模式的探索与创新。思政课教师不应是孤独的朗读者，而应成为一根学生爬向更高山峰的拐杖。社会主义核心价值观学生高中已经学习过，对其基本内容是熟悉的，结论也是既定的，那么如何激发学生学习的主动性呢？社会主义核心价值观的“三个倡导”学生是知道的，关键是让

① 陈庆国，张莹．新时代大学生社会主义核心价值观认知逻辑探究［J］．东北师大学报（哲学社会科学版），2021（06）．

他们不能单纯停留在背几个定义、及格万岁的层面，要实现由“要我学”到“我要学”的转变，使学生真的懂，懂得其丰富的内涵，懂得其内在的生成逻辑，更懂得其未来指向与现实意义，最终转化为学生的思想体系与行为逻辑。“内容为王”的翻转课堂就是对学生主体地位的一种彰显，是“双主体”模式的一种有益探索。清华大学李蕉老师的《中国近现代史纲要》翻转课堂为我们提供了很好的启示，大班授课（教师宏观引领）+小组讨论（协作学习，精读著作进行模块化的探究式讨论）+助教辅导（精准到个人的进度跟进）的协同发力，形成教师与学生、助教三位一体的学习共同体，将原来师生的单向传输转变为师生与生生的多向交互作用，完成学习者、讲述者到思考者的蜕变，引导学生展开小组学习与延展，去发现理论背后的逻辑与穿透力。实践表明李蕉老师的翻转课堂受到了学生的高度认可，实现了从动脑到入脑最后入心的递进，课程的考核要求每名同学上交3000字以上的读书报告，包括小组汇报的成绩，还引入了学生、助教的互评机制等等，极大地激发了学生的积极性与主动性。真正地把思政课从教师“我的课”变成了教师与学生“我们的课”。

二是重点激发师生共鸣的情感融合。情感是社会主义核心价值观认同中的非理性要素，情感融合既指教师对学生的情感，也指学生对教师的清感，感情是相互的，教师爱学生，学生感受到教师的爱，给予情感的回馈，产生亲近感，所谓“亲其师，信其道”。教育从来都是有温度的，从一定程度上来说教育是一个灵魂唤醒另一个灵魂，因此，非理性要素作用发挥得好，可以推动主体活动水平的提高，由情感产生动机，由动机产生行为，从而促进主体自身的发展。将情感这一非理性因素引入大学生社会主义核心价值观认同的培育与强化过程，为当前解决社会主义核心价值观认同教育的渗透性问题提供了现实的可能性，并促进了教育方式的多样性。情感非一日之功，更非外力所能强加，而是一个日积月累、自然积累的过程，因此，我们应该着力从引导大学生积极的情感体验与激发情感共鸣上下功夫，“要做到眼明心细，要了解学生的心理，倾听学生的诉求，掌握学生关注的热点和难点问题，通过生动具体的教育活动，帮助学生走出思想困惑”①，告别生硬的理论宣讲，从大学生主体需要出发，关注其思想动态、精神需求，以满足感的唤起促进情感累积，打通大学生社会主义核心价值观认同的“最后一公里”。

思政课教师要对学生有情感，对课程有情感。首先感动自己才能打动别人，以对国家、对社会、对人民的深情激励学生、感染学生、打动学生的心，才能诠释好“以情动人”。习近平总书记曾经回忆，一位初中政治课老师讲授焦裕禄的事迹时数度哽咽，给同学们带来巨大的心灵震撼，这节课在其一生中留下深刻印记，并对树立坚定的理想信念产生了很重要的影响②。教育是人点亮人，成功的教育将为学生点亮一盏盏指引前行的明灯，激发其潜力与活力，使其找到努力的方向。上海交通大学的施索华老师用爱与责任讲活了思政课，成为学生心目中“最迷人的课”，更为广大思政课教师指明了努力的方向，她以优美的语言、深厚的家国情怀，将 45 分钟的课上得既充满感情又富有哲理，同时，她还设立施索华工作室，开通 24 小时电话线随时为学生答疑解惑；清华大学的李蕉老师在

---

① 张英，赵曙光．大学生社会主义核心价值观认同教育体系的四维构建［J］．兰州教育学院学报，2019（03）．

② 一堂特殊而难忘的思政课——习近平总书记主持召开学校思想政治理论课教师座谈会侧记［N］．人民日报，2019－03－19（04）．

课时以外每学期会安排40场读书沙龙、大约200人次的午餐会，还有连续8小时的助教培训会，没有对学生、对讲台的热爱是不可能坚持下来的，她也以自己的身体力行影响着身边的学生，将“人课合一”，全情投入，被学生两度选为“最喜欢的老师”，她的课也成为清华园里学生最难选上的课之一；大连海事大学的曲建武老师从教38年，无论是做一名辅导员还是领导干部，始终把学生放在心上，56岁主动辞去副厅级领导职务做回一名辅导员、一名思政课教师，更见他对学生、对思政工作的热爱。多年来，他为学生写的信息有260余万字，为困难学生筹集爱心基金20余万元，20多个省份、上百个家庭遍布他的家访足迹，他为学生24小时开机，开通微信公众号、博客，以多种方式为学生解思想之惑，也为学生化解现实之忧，被称为“曲爸爸”。学生在教师的“爱”里学到知识，受到触动，体验愉快，体味平等，感受真诚，获得价值关怀与情感关注，最终达到教师与学生的情感融合。

三位老师凭借对学生的爱，站好了讲台，赢得了学生，以实践印证了“南风效应”。社会主义核心价值观认同的培育与强化实行温情教育，给学生以爱，既满足了学生的情感需要，又激发了学生的情感，更能实现教育的目标。温情教育强调的是在人本教育的基础上，尊重学生，理解学生，从而彰显教育实效。学校也要因时因事，以适当的形式对学生进行情感培养，尤其重视“营造培育和践行社会主义核心价值观的文化氛围”①。比如，仪式感就是触动学生情感浓烈度的情感爆发点。作为一名大学生，对大学生的身份认知，对大学的归属感

① 宋金玲，张迪．新时代培育和践行社会主义核心价值观的有效策略研究［J］．北京交通大学学报（社会科学版），2018（02）．

以及什么才是读大学的意义等的追问可能都从收到大学录取通知书那一刻开始迸发，那一刻是高中生迈向大学生的身份转折。基于此，各个大学在学生们对大学的懵懂与热切盼望中开始了大学第一课饱含情感的用心设计，南开大学附送 2 枚莲子，一颗种在家乡，初心不改，一颗带到校园，见证成长；中央美术学院的通知书是一本尚待书写的空白画册，以 416 页、一周两页记录大学四年的编年史；陕西师范大学坚持 14 年由老教授毛笔手写通知书，被称为饱含中华文化的“成人礼”；可以看出，一份学生即将开启大学生活的录取通知书带给学生的是一份开启崭新世界的仪式感，这份沉甸甸的神圣让学生们对大学乃至人生充满着憧憬。大学应把诸如开学典礼、毕业典礼这样庄严的仪式神圣化、情感化、意义化，通过用心的设计与安排，用文化仪式感激发学生的身份认同、国家认同。

三是持续深化师生共进的视域融合。哲学中的“视域”，包括“看视的区域”及其步骤规则。因此，高校的大学生社会主义核心价值观认同教育的体系既包括主体视力所及的范围—物理层面的“看”，也包括思想层面的所指—精神世界的“观”。因此，“视域融合”强调高校的大学生社会主义核心价值观认同教育的关注点，应当是与学生密切相关的“真问题”，包括学生关注的社会热点话题、国内外时政问题以及大学生成长过程中关注的学习问题、就业问题、恋爱问题、人际关系问题、心理问题等等。情感的产生，往往与需要的满足为基础，正如毛泽东所说：“一切群众的实际生活问题，都是我们应当注意的问题，……满足了群众的需要，……群众就会真正围绕在我们的周围，热烈地拥护我们”①。赢得学生，就要

① 毛泽东选集（第 1 卷）［M］. 北京：人民出版社 1991 年版，第 137 页.

解决问题，并且解决学生们急难愁盼的问题，这是经过历史证明的，在社会主义核心价值观认同教育中也必将适用。在当前及今后大学生社会主义核心价值观认同教育中应抓住重点，着力于解决好这一关键问题。

在全球化浪潮、互联网波涛的冲击下，一些大学生开始出现价值选择的迷茫。社会主义核心价值观正是在应对国内外多元价值叠加与冲击的背景下提出的，其功能之一就是为国家、社会、个人提供价值引领，它在一个社会发展过程中提供判断是非曲直善恶的标准。由此可见，大学生对于社会主义核心价值观的认同是对自我成长成才过程中价值需要的满足。个体对于价值的取舍、评判问题充斥在我们的生活中，可以说，我们时时刻刻都在做出价值的判断与选择。比如：有人说“民主是个好东西”，也有人说“民主是个坏东西”；花 3000 块钱买一部高仿手机值不值等选择与取舍都是关乎价值观的问题。它决定了社会主义核心价值观认同教育工作，必须关注大学生的成长成才过程中的价值需要，“给他们更多的人文关怀，切实解决他们的思想困惑和心理迷惑，使其从内心真正感受价值观的魅力，启迪他们的心智，洗涤他们的灵魂”[①]，真正做到贴近实际、贴近生活、贴近大学生。

作为主渠道的思政课就要将教材体系转换为教学体系，通过专题式教学，跟进时政，将社会主义核心价值观贯穿始终，突出思政课教学的思想性、价值性，做到“因事而化、因时而进、因势而新”。思政课教学要将教材与学生的理论关切相融合，从学生的关注点入手，提升其理论思维能力，切合学生

---

① 魏晓波．新时代大学生社会主义核心价值观认同教育的三个维度［J］．通化师范学院学报（人文社会科学版），2019（01）．

实际展开教学。通过随堂反馈、问卷调查、网上互动等多种渠道，针对教材的每一章内容收集学生们广泛关注的热点问题，而后教师对问题进行深入研讨、分析，使之与思政课的教学内容有效对接，进而丰富和延展思政课教学内容。上海推出的高校思政课“超级大课堂”直面学生的现实困惑，给广大思政课教师带来启迪。另外，时政问题也理应成为思政课与时俱进的延展内容，对于时政问题的剖析与探讨，能够将理论拉进现实，增加现实指引，也能够及时地解开学生们的思想上的扣子。大学生总体来说是非常关心国家和社会的，上海大学大国方略课程能够受到广大学生的追捧就是一个很好的证明。①2020 年抗击新冠肺炎的过程中，全国大学生同上一堂疫情防控的思政大课也收到了非常好的效果，四位教师分别从除形势与政策课以外四门思政课的角度对疫情的发生、应对、启示等内容进行了教学，既是一次将马克思主义理论应用于实践的生动诠释，又是一堂生动的爱国主义大课，很多学生在留言区纷纷表示很受鼓舞，加深了对于中国的社会主义制度、人类命运共同体以及家国情怀的理解与认识。可见，专题式教学有效发挥了思政课在培育大学生社会主义核心价值观中的主渠道作用。

同时，结合学生关注的热点，适时组织讨论，让学生们各抒己见，说出自己的真实想法，针对其思想现实状况，及时给予引领，进而进行理论提升，会达到事半功倍的效果。比如，2019 年以来因美国禁令引发国人关注的“中兴事件”“华为事

---

① 该门课程以“中国梦，谁的梦”、“中美真的能坐在一张椅子上吗?”、“中国道路能引领世界吗?”“一带一路能带来什么?”等专题展开教学，教学内容与中国的当下热点和未来趋势紧密结合，把习近平总书记系列重要讲话全面且有机地融合进课程，更为思政课教学注入了新的活力与动力。

件”，思政课堂以及党团组织的师生座谈会，应及时对此事件进行回应。首先对事件做简单梳理，而后通过抛出问题引领学生不断深入思考，问题包括“既然是禁令，为什么美国对中兴的禁令限定为 7 年有效期？美国决定对华挑起贸易摩擦，为什么中兴和华为首当其冲等，通过这样一系列问题的回答，最终学生们透过单个事件看到美国背后的真正目的，认识到事物的本质。当然，答案应该是学生们在老师的引领下自己得出的，而不是老师自问自答。学生们对于事件的进程是比较熟悉的，只是往往停留在现象级以及情绪化的结论层面，教师要带领学生思考事件背后的逻辑关系，通过教师合理设置问题引导学生从简单的“知道”深入“思考”的层面，在环环相扣探寻问题答案的过程中，学生们不自觉地运用马克思主义的立场观点方法去思考、去分析，不是教条地得到一个结论，而是在事实中探寻明晰了问题。由此，学生们看清了美国剑指《中国制造 2025》根本是为了达到遏制中国的目的，也明白了“不仅从别人那里拿到关键核心技术不可能，就是想拿到一般的高技术也是很难的”① “关键核心技术是买不来的、讨不来的、要不来的”② 的真正意蕴，自然迸发出强烈的“学好专业科技报国”之情。

必须注意的是“外在的力量固然能够在很大程度上起到激励与约束我们行为的作用，但内在的力量、信仰的力量，对

① 保持锐意创新勇气蓬勃向上朝气 加强深化改革开放措施系统集成［N］．人民日报，2016－03－06（02）．

② 习总书记对我们说“核心技术是买不来的”［N］．中国青年报，2020－07－13.

我们行为的激励与约束作用更为自觉。”[①] 达到这个目的需要进行视域的融合。这里不是单纯迎合学生，而是既要关注学生的“视域”，给予现实的引领，让社会主义核心价值观的理论照进大学生“视域”中的现实，又要以教师、教材的“视域”引领学生思考、理解，从而达到教师、学生、教材三者“视域”的深度融合。对于后者，思政课要想方设法，增强学生的带入感，通过情境的创设，将学生带入价值观选择的具体场域中，进行讨论，回答“你怎么看”“你会怎么办”“你觉得应该怎么办”等一系列问题，把理论具象化为学生生活化的情景，在讨论、总结到理论讲授的过程中，学生完成从具体到一般的知识接受过程，也充分体会了被尊重、被重视的主体地位，不再把理论简单理解为高高在上的、只可以被奉为圭臬的教条，是有血有肉的现实存在，由此拉近了学生与社会主义核心价值观理论体系的距离，由原来的“无感”走向亲近，从这个意义来看，在实现视域融合的过程中，同时实现了文本与人本的结合。

另外，高校也要关注学生来自成长，来自人际关系，来自学习生活方面的、心理层面的困惑与问题，给予价值关怀与人文关怀，清除学生的堵点、痛点、盲点。马克思主义强调“发展着自己的物质生产和物质交往的人们，在改变自己的这个现实的同时也改变着自己的思维和思维的产物。”[②] 物质对意识具有极其重要的影响，解决好物质问题是通往意识问题解决的必由之路。一些学校所施行的大学生双导师制或导生制就

---

① 戴木才．引导大学生自觉践行社会主义核心价值观［J］．思想理论教育导刊，2019（02）．

② 马克思恩格斯文集（第1卷）［M］．北京：人民出版社2009年版，第525页．

是很好的做法，由专业课教师与优秀毕业校友共同担任大学生的导师，给以专业学习与未来就业双向指导，选拔高年级在校学长担任导生，为学生的学习与生活提供直接的学习经验与有效建议。双导师制与导生制的施行，解决了学生多层次的学习、就业、生活、心理等方面的困惑与迷茫，满足了其情感的需要。

四是积极促进师生共享的话语融合。话语是语言和思想的结合体，话语融合指的是社会主义核心价值观的话语体系与大学生所使用的话语体系相互作用、趋近一致，实现相互融合的过程，它强调的是社会主义核心价值观的话语表达方式问题。24个字的基本内容是社会主义核心价值观的“核心话语”，对社会主义核心价值观的阐释、传播就构成了社会主义核心价值观的话语体系。话语权即话语表达的权利，大众麦克风时代，人人拥有话语权，对于社会主义核心价值观的话语权，主体也是多元的，包括党和政府的权威话语、教师的解读话语、学生的认知话语、大众的理解话语、西方的意识形态话语等等。话语是价值观认同的先声，大学生社会主义核心价值观认同的关键性前提在于谁的话语具有话语影响力，形成真正的话语力。

赢得青年才能赢得未来，塑造青年才能塑造未来。马克思主义强调：“如果从观念上来考察，那么一定的意识形式的解体足以使整个时代覆灭。”① 赢得青年首先要赢在意识形态，塑造青年首先要塑造意识形态。“意识形态所表征和反映的核心价值与精神信仰这两方面的内在统一正是核心价值观的本

---

① 马克思恩格斯文集（第8卷）［M］. 北京：人民出版社2009年版，第170页.

质，核心价值观蕴涵着建构社会价值认同的同一性要求。”① 西方一些国家依靠先发优势极力进行价值观输出，将其价值观标榜成“普世价值”话语，打意识形态战争，以此来冲淡青年对本国主流价值观的认同，因此社会主义核心价值观的提出，既是中国价值自信的体现，也是在话语层面应对意识形态较量的有力回应。福柯将话语与权力联系在一起，道出了话语的力量与背后的权力支配，所以传统马克思主义的标志性话语决不可随意弃用，流行的西方主导性话语决不可盲目套用，面对各种敌对的意识形态话语决不可沉默失语。

有了中国的价值观话语体系，如何在大学生中形成话语力呢？当前，社会主义核心价值观话语体系，一定程度上仍旧存在着口号化、标题化、表面化等问题，存在空洞说教、亲和力不够等倾向，造成了社会主义核心价值观在某些领域、某些时刻的失语、失踪，甚至失声。列宁曾指出，最高限度的马克思主义是最高限度的通俗化。也就是社会主义核心价值观的话语表达方式要大众化、通俗化，使用符合大学生思维方式和解读心理的“亲近性文本”，话语形式接近于大学生的生活习惯，以生活叙事的方式呈现，让理论性的话语接地气，减少与大学生的隔阂与距离感，做到言之有物、言之有理、言之有情。社会主义核心价值观是人的思想的工作，比起居高临下的生硬说教，大学生更容易接受将其平等视之的对话、交流，以大学生为对象的话语融合，旨在以话语共享模式的构建，增加社会主义核心价值观的亲和力和感染力，继而发挥出自身的话语力。对社会主义核心价值观进行传播话语的创新，一方面要以大学

① 成长春，张廷干，汤荣光．意识形态自觉与价值理性认同［J］．中国社会科学，2018（02）．

生所喜闻乐见的语言进行话语体系转换与表达；另一方面要引领话语，形成话语力。这个过程不是一个被动的迎合大学生的语言风格的单一过程，而是在将高高在上的“宏大叙事”实现“简时新”的语言风格转换之后，以新的话语引领新的风尚，形成话语力，直达人心。比如，“撸起袖子加油干”“我们都是追梦人”等表达，既接地气，又充满温度，更能激励人们。

另外，社会主义核心价值观话语的传输方式应是教师与学生之间平等的对话，不应只有教师的话语霸权，要促进学生话语权的回归，告别教师话语的“一言堂”。有效的话语传输不是“我说你听”的单向路径，而应在教师与学生之间建立起畅通的交流与对话机制，实现话语交往。只有在一种具有普遍意义的话语的交往前提下，才能建构起一种较高层次的主体间性，让每个人的视角与所有人的视角相互重合。教师应学会“留白”，如通过读书会、研讨会以及网络平台的留言互动等形式，让学生能够有渠道表达自己的内心话语，以教师的话语与学生的话语的交流、讨论实现有效对话，产生思想与感情的共鸣与共振，进而形成社会主义核心价值观认同的话语力。

五是主动强化师生共在的场域融合。场域融合指的是大学生社会主义核心价值观认同培育与强化的空间指向，即凡是大学生活跃的场域均是高校社会主义核心价值观宣传、教育的主场。首先要占有场域的一席之地，实现“有位”，继而适当以显性教育与隐性教育的方式，做到“有为”。历史与实践表明：“思想文化阵地，马克思主义、无产阶级的思想不去占领，各种非马克思主义、非无产阶级的思想甚至反马克思主义的思想就会去占领”。新媒体时代的到来，改变了信息的传播方式，也改变了受众的信息行为，人们既受益于海量信息的丰富、便捷，享受着手握“麦克风”的赋权，又身陷这个眼花缭乱的信息爆炸世界，感到迷茫与无措。尤其在今天这个教育越来越便捷化、网络化、全民化的时代，社会主义核心价值观在一定场域中存在着“失踪”“失语”“失声”的现象，如校园里专业课的课堂、热闹非凡的社团活动、短视频分享平台以及视频弹幕网站等等。因此，如何使社会主义核心价值观一直“在场”，自觉走出某种“缺位”的困境，亦成为大学生社会主义核心价值观认同培育与强化的重要时空维度。

如何做到“教”与“学”双主体场域的有效融合？首先需要树立“学生在哪儿，阵地就在哪儿”的思想意识，依托“大思政”平台对大学生进行社会主义核心价值观认同的培育与强化，强调全员、全过程、全方位，突出全域性，着力点在一个“全”字上，要始终“在场”，“有位”进而“有为”。一方面要让学生“身在其中”的社会主义核心价值观显性教育场域即思政课堂、党团培训及活动真正发挥教育实效，使其心亦在其中。思政课通过教学改革创新、提升教学质量，使学生不再停留在拿学分的“应付”阶段，或是死记硬背的“应试”阶段，打造学生真心喜欢听、听得进去、听得有收获的思政金课；党团的培训与活动，在注重接地气的多样化活动形式之外，更要注重内容的深度，要精心设计，包括主要内容在内的系列环节都要精心雕琢，力争在热闹的活动退场之后，让学生们思想受到洗礼、觉悟上有所提高。另一方面要填补一些场域的暂时“缺位”，实现“有位”而“有为”。重点是抓好两个阵地建设，发挥隐性教育之功效，使学生始终沉浸在社会主义核心价值观弥漫性存在的场域，日用而不觉[①]。一是课程思政，强调所有课都上出思政味，无论是专业课抑或是通识课均有育人之责，尤其是专业课教师在学生心目中是专业权威，其人格、价值观均会对学生产生根深蒂固的影响，因此发挥专业课程的隐性育人功能，保证所有课程中社会主义核心价值观“不缺位”，是首当其冲要建设好的阵地，前文已经论述，此处不再赘述。

重点说明网络阵地的建设问题。网络的泛在化使得今天的社会成为一个无网不在的存在，也正因为此，网络成为一个巨大的公共能量场，在这个能量场里良莠不齐的各种思想并存，纷繁复杂的种种话语交锋。网络化生活已经成为新时代大学生的生活常态。本次调研中发现，对大学生影响最大的载体中，网络的影响力仅次于父母、社会实践位列第三，网络的影响力可见一斑，尤其对于被称为“数字居民”的大学生而言，他们满怀欣喜地拥抱这个“微时代”带来的丰富与便捷，也沉醉于这种来自微时代的所谓主体性表达。调查表明，有超过四成的大学生每天超过 4 小时的时间花在看微博微信、刷朋友圈、玩抖音上。因此，社会主义核心价值观的“打开方式”要告别单一的“坐而论道”，应积极搭乘新媒体的快车，主动融入网络时代，打造高质量的“互联网 + 思政”的教育教学体系，从网络“失声”到形成“强回声”，“网上”“网下”共同发力，以春风化雨的亲切感走入大学生内心。具体可以从以下三个方面来加强网络的社会主义核心价值观影响力：

其一，主动搭建网络平台，传播社会主义核心价值观的好

---

① 习近平在文艺工作座谈会上的讲话［N］．人民日报，2015 - 10 - 15（02）．

声音，讲好中国价值的故事。学习强国学习平台就是其中杰出的代表，目前注册用户已经超过 1 亿，以“全党办、大家办”的理念，优化学习资源的供给，既满足了建设学习型政党的需要，也成为普通大众日常学习的供给站。

其二，精准筛选、重点培养网络意见领袖，作为大学生心中最为活跃、最富有影响力的群体，成为其践行社会主义核心价值观的领路人。高校培养网络意见领袖应以教师为主体，同时可以吸纳少数思想先进又有影响力的学生，尤其是教师要主动融入，活跃在不同的网络平台，或在微信公众号，或在群里、微博、论坛里，或在抖音、B 站。比如，大连海事大学的曲建武老师，他通过公众号“仍然在路上”累计发表公众号文章 40 余万字，为学生和全国的思政工作者们答疑解惑，敢于对热点问题亮剑，进行入情入理地剖析；南京航空航天大学的徐川老师，公众号“南航徐川”目前关注用户已经超过 30 万，关注学生关心的热点问题甚至敏感话题，并给予及时的、正向的引导，使对大学生社会主义核心价值观认同的提升工作生活化、常态化。

其三，倾力打造社会主义核心价值观始终“在场”的网络文化精品。第一，鼓励专家学者走上大众传媒，增强权威声音，例如，复旦大学张维为教授主讲的“这就是中国”在电视台、视频平台、弹幕网同步播出，告别了理论宣讲的单向形式，以大众的语言回应热议话题，仅在 B 站就获得 2936. 3 万播放量，65. 4 万受众的追剧更是反映了该节目留住了青年，也影响了青年；第二，时代里快餐式文化与碎片化阅读的盛行，短视频受到追捧，应制作微视频的用心精良之作，发挥社会主义核心价值观“公益广告”的传播效应，比如“中国一分钟”系列微视频，线上阅读播放量超 24 亿，线下覆盖用户超2.5亿；2020年五四青年节B站青年宣传片《后浪》总计约3000万的播放量，110万的转发。五四话语的“在场”，在特定节日里，契合节日主题讴歌与激励，收获了追捧与热议，成为具有引领意义的“热词”；第三，传播弘扬中华文化，富含正能量的电视综艺节目、电视剧、电影及音频，以大学生喜闻乐见的形式出现在其生活里，发挥社会主义核心价值观“盐”的功效。比如电视节目《经典咏流传》《中国诗词大会》《朗读者》《我是演说家》等，电视剧《人民的名义》《亮剑》等，电影《我和我的祖国》《战狼2》《流浪地球》等，这些电影的高票房，从一个侧面说明作为观影主体的90后、00后深植内心的中国特色社会主义核心价值观，他们是在我国国力迅猛提升，日渐走近国际舞台中心的时代背景下成长起来的。《我和我的祖国》中小人物与新中国成立70年中大事件的回放燃爆了国人的爱国情；《流浪地球》中对人类命运共同体与集体主义精神的高扬，都引起了新时代大学生广泛的共鸣，反映出新时代大学生思想情绪的基础色调依然是积极向上的，也说明正能量的文化制成品不但有市场，而且契合大学生们思想现实。

3. 以行为认同增强大学生社会主义核心价值观认同实践力

知行合一才是认同的根本要义所在。马克思说，人的思维是否具有客观的真理性，这不是一个理论的问题，而是一个实践的问题。人应该在实践中证明自己思维的真理性。大学生社会主义核心价值观认知与情感的认同最终是要体现在行动上、落到实处的，这就需要学校围绕“注重实践”的落脚点，增强认同的践行力，为大学生创设条件、搭建平台解决“具体应该怎么做”“去哪儿做”等一系列问题，并通过保障机制强化、固化，最终实现稳定的、深层次的行为认同。

本次调研数据表明，新时代大学生对于社会主义核心价值观的认同呈现出“较高的知晓度、情感认同度以及低行动”的特点，这就要求我们在提升社会主义核心价值观认同的工作中要突出解决“低行动”的问题。大学生在行为层面的相对偏低的认同度，表明当前大学生对于社会主义核心价值观的认同还存在着“知行不统一”的问题，虽然一些问题思想上认识到了，并对之报以高度的期望，但付诸自身的实际行动的可能性仍不够高，这也指出了当前和下一阶段的社会主义核心价值观培育工作的重中之重。

一是充分开展行为认同的生活化实践。价值观的认同不是一种单纯的知识教育，更大程度上是一个主体自我建构的过程，社会主义核心价值观的认同需要经历一个从“内化”到“外化”，进而加强“内化”的过程。正如习近平总书记所言：“一种价值观要真正发挥作用，必须融入社会生活，让人们在实践中感知它、领悟它”①。大学生的校园生活，一刻也离不开校园文化的浸润。校园文化是学生接受教育的第二课堂，是第一课堂的延伸、补充和完善，是最重要的隐性课程资源，大学生在学校中，不仅在教室里、课堂上接受教育，更是在校园文化的“熏陶”中学习和成长的。所谓校园文化是“以大学为载体，在长期的办学过程中，学校成员所共生、共享、传递的价值取向、生活方式和行为方式，其核心是大学精神”，包括精神文化、物质文化、制度文化和行为文化四个方面。教育家涂又光先生曾提出著名的“泡菜论”，即泡菜的味道取决于

① 习近平谈治国理政（第 1 卷）［M］．北京：外文出版社 2014 年版，第 165 页．

泡菜汤，校园文化就好比这泡菜汤一样，学生们每天生活在其中，它无时不在，无处不有，潜移默化地影响着学生们的价值取向、思维方式和行为方式，达到“日用而不自知”的效果。

因此，高校应着力打造优秀的校园文化[①]，从静态的校园景观、师生员工、典章制度，到党团活动、科技竞赛等动态的文化载体活动，多渠道培育优质的大学校园文化，以突出其在中国特色社会主义文化认同培育中的引领导向功能、陶冶美化功能、凝聚激励功能、约束规范功能以及辐射带动功能。大学生社会主义核心价值观教育要积极探索在大学校园文化中的表达方式和作用发挥，注重官微、校媒等新媒体的打造，培育能够彰显社会主义核心价值观的大学校园文化，同时高校应制定弘扬社会主义核心价值观的制度规范，营造风清气正的校园风气，以校园文化建设促进大学生对于中国特色社会主义文化的行为认同，最终使广大学生自发、自觉地提升对于社会主义核心价值观的认同度。

校园文化活动从举办主体的角度来说涵盖团学活动、党建活动，班会、级队会、党建工作、团学活动等，这都是学生日常实践的载体，需要我们发掘其中的价值观要素，在学生们的实践参与中给予其价值引领，真正发挥“十大育人”体系的合力效应。其中，良好的党建工作与团学工作是增强大学生社会主义核心价值观认同的重要支点。调研中发现是否为学生干部、中共党员对社会主义核心价值观的总体认同与三个维度的认同度均表现出显著性差异，总体趋势均为学生干部、中共党员的认同程度显著高于普通大学生。这说明高校的学生干部、

---

① 郭维刚．优秀传统文化促进社会主义核心价值观认同教育探析［J］．黑河学刊，2020（04）．

学生党员的选拔与培养机制是成效显著的，可以在工作中进一步拓展、发扬。一方面，可以更好地发挥学生党员、学生干部的模范带头作用，包括党员挂牌制、导生制等，彰显优秀同辈群体的正向影响力；另一方面，可以发扬优势，把工作面做大，工作进一步做细。一方面抓好学生党员、团学干部的先进性教育，一以贯之，常抓不懈；另一方面应拓宽工作思路，把全体大学生均作为其工作对象，要区分不同的对象—党员、入党积极分子以及其他同学，团学干部与其他团员等，分门别类地开展针对性教育，要把工作做细，不能搞“一刀切”。大学生群体的思想成熟程度具有不同步性，要关注不同层次学生的思想动态与现实需要，及时、适时以多样的形式给予引领与疏导。故应将普遍性教育与重点性教育相结合，开展贯穿整个大学阶段的递进式教育。

大学校园文化日常性的活动，应聚焦大学生思想实际，以恰当的表现形式弘扬正能量，提升校园文化的现实功能。演讲比赛、辩论赛、才艺大赛、研讨会、知识竞赛、主题晚会等常规性活动要通过创新让学生收获别样的感受，不能流于程式或仅限于完成规定动作，要增加活动的内涵性与思想性。比如清华大学学生自编自演的话剧——《马兰花开》就是一个很好的典范，它以我国“两弹元勋”邓稼先为原型，深情讴歌了我国老一辈科学家无私奉献、报效祖国的崇高精神。巡演行程6000 公里，参演学生逾 220 人，累计受众十余万人，清华学子们通过人物的塑造以及台前幕后的大量工作，将邓稼先的精神充分内化，与观众一起产生震撼心灵的情感共鸣，以行为深化了认知、强化了情感。另外，选拔、成立大学生讲师团，与教师一起参与校园巡讲，以讲的实践来升华认知，并发挥“赶帮带”的作用，深化青年大学习的效果。学生讲师有别于教师，他们来自学生的身边，与学生同龄，看问题的视角更容易产生共鸣，大多为感同身受的个人经历，也更能发挥同辈群体的示范效应，可以成为教师讲授的有益补充。作为大学生讲师团的成员是一种荣誉更是一种责任，一定要优中选优，不仅是语言的表达能力，还包括理论的运用能力以及个人的思想道德水平、学习成绩等等，因为选拔一名学生讲师相当于在学生中树立起了一面旗帜、一个标杆。

发挥生活化的校园文化活动的实践育人功能，注重抓细、抓小、抓常态、抓内涵式发展，还要注重结合重要时间节点的实践育人功效。2019 年时值新中国成立 70 周年，2021 年是中国共产党成立 100 周年，在重要历史时刻和新的历史坐标，全国高校的大学生用各种形式以“青春告白祖国”，以国庆为名全国千万大学生共同参与并接受了一次为之热血沸腾的爱国主义教育，也是一堂意义重大、全员参与的思政大课，大学生们通过诗歌朗诵、主题宣讲、与祖国同框合影、观看盛大的阅兵式、现场合唱“今天是你的生日，我的祖国”、校园剧等多种多样的形式，表达了对于中国无限热爱的深厚感情的同时，也在被这种浓浓的爱国情深深地教育、感染。行为认同进一步强化的同时，更深化了对社会主义核心价值观的情感认同。部分高校组织在校师生数千人举行“同升国旗、共唱国歌”的开学第一课，震撼而催人奋进，很多学生表示“这是一次有着特别意义的超燃思政课”“立志做担当民族大任的时代新人”。这充分说明了结合重大节日，开展沉浸式的校园文化活动成效是显著的，也为校园文化活动如何开展得深入人心、彰显实效提供了可借鉴的思路。

二是深入推动行为认同的社会化实践。社会实践是大学生实现社会化，在“实践—认识—再实践—再认识”进程中共享、确证、升华社会主义核心价值观的过程。本次调研显示：超过三成的大学生认为父母、社会实践、网络、教师等载体对其思想认识影响力比较大。其中，父母是孩子终其一生的陪伴，影响力显而易见，认同比例最高；社会实践的影响力紧随其后，它可以形成感同身受的现场冲击力。有效的社会实践活动可以直达学生心灵，唤起强烈的认同情感。

价值观的认同绝不能仅限于“经院”、止于“经院”，而应走向社会的大课堂，深入社会主义新农村的田间地头，置身于红色基地。高校应为学生搭建平台，通过志愿服务、参观访问、实地调研、爱心支教等方式，以震慑心扉的现实冲击力，增强“要我做”到“我要做”的可行性，打通社会主义核心价值观行为认同的“最后一公里”。社会公益类实践能够培养学生的服务意识、奉献精神和爱国情感，有益于科学把握“小我”与“大我”的相互关系；体验性的实践活动或让大学生看到、听到战火中前辈的信仰与坚守，或使其切身感受伟大祖国的发展变化，增强社会责任意识，深化思想认识，坚定实现中华民族伟大复兴的决心。

社会实践是大学生认识与接触社会的窗口。目前，我国大学生中还在一定程度上存在“被动实践”的形态，如何将其转变为“主动实践”，彰显实效是当前强化社会主义核心价值观行为认同的关键所在。“被动实践”究其原因，在于社会实践的内容流于形式，学生规模比较大，单纯为了凑够课外实践学时，停留在走马观花、打卡式的走过场，所以很难形成现实感染力，行为体验不深刻，导致行为稳定与深化无从谈起。另外，本次调研中发现，“行为体验”与大学生社会主义核心价值观认同之间没有显著关系，而“行为认同”的其他两个维度指标“行为稳定”与“行为深化”则对价值冲突中大学生做出认同社会主义核心价值观的思想与行为选择具有显著正向影响。认同成于思想，落于行动，如何增加行为体验的获得感与现实冲击力，进而稳定地呈现在行为习惯上，已经成为摆在当前社会主义核心价值观培育工作的一大难题。

高校的社会实践工作可以着重加强以下几个方面：

第一，应配备充足的指导教师，强化指导力量。实践基地的稳定运行与社会实践的有效开展离不开高素质的指导队伍，创建一支由思政课教师、辅导员、导师以及有志于此的专业课教师组成的社会实践指导团队，是社会实践工作有序高效运行的组织保证。专业的指导团队可以对社会实践进行精心的设计与安排，过程中给予实时指导，实践结束进行反馈跟踪与提升，达到行为体验、理性提升与情感激发的多重功效。

第二，应加大力度建设稳定的实践基地群，以推动社会实践能够持续深入地推进。当前，高校的社会实践仍旧存在“打一枪换一个地方”的做法，社会实践基地不同程度地存在稳定胜不足、持续性缺乏等问题，造成了实践基地建设成本的增加，也不利于开发实践育人的基地功能。对此，高校党委应合理统筹，进行顶层设计与总体规划，建立健全大学生社会实践的长效机制，与社区街道、企业、志愿服务机构、红色教育基地、农村、西部中小学校等积极联系，挂牌建立社会实践基地，将其作为增强大学生社会主义核心价值观认同的根据地。在铺开面的同时加强稳定性地长期合作，并签订明确双方权利与义务的基地建设合同，以实现实践基地的长效运行与机制化管理。

第三，社会实践平台的面铺开以后，高校应对在校生作四年不断线、不重样的社会实践活动规划，覆盖全体学生，如大一学生的实践活动以参加志愿类活动与校内勤工助学岗类工作和参观访问活动为主；大二学生的实践活动尽量结合学生的专业特点以社会调研类为主；大三学生以增强专业技能和实践能力的专业素质拓展为主，参与岗位体验或者见习；大四学生以毕业实习为主，以此达到职业确定与深化认同的目的与效果。与此同时，着力做好寒暑假两个假期的社会实践工作设计与安排，因为持续时间长，大学生们可以更加全面、深入地参与、了解、感悟，可以安排社会调研或者支教等持续性地社会实践活动。

第四，应开拓各类实践活动丰富的活动内容，增强学生的自主选择性与积极性。学校要尊重学生的主体性与多样性，精心设计各类社会实践的具体实施方案，包括参观考察类、社会调研类、勤工助学类、专业实习类以及志愿服务类等等，各类的内部也应有多种方案，由学生自主选择。

第五，应建立考评与验收机制，进行制度性供给。一方面鼓励先进，宣传典型人物与事迹，给予表扬与奖励，引领风清气正的校园氛围；另一方面建立负面清单，稳固校园底线思维。

总之，大学生在校园文化生活中，既作为社会主义核心价值观生活化、日常化的主体参与其中，又作为受体被影响、被浸润着，以旧用而不觉的方式践于行，形成稳定的行为习惯。同时富有直观感受与冲击力的社会实践，作为大学生的必修课，成为其完成社会化的前奏，使大学生直接面对曾经的战火与艰难、如今的社会主义新农村、志愿服务的大舞台，也是确证与深化社会主义核心价值观的过程。马克思主义认识论认为，实践是认识的“源头活水”，通过生活化与社会化的“两个实践”，大学生实现着社会主义核心价值观的知行合一，也在“内化—外化—内化”过程的反复践行中锤炼良好的思想道德修养，实现全面发展。

主要参考文献

[1] 马克思恩格斯选集(第1—4卷)[M]. 北京:人民出版社,2012.

[2] 马克思恩格斯文集(第1—10卷)[M]. 北京:人民出版社,2009.

[3] 列宁选集(第1—4卷)[M]. 北京:人民出版社,2012.

[4] 毛泽东选集(第1—4卷)[M]. 北京:人民出版社,1991.

[5] 邓小平文选(第1—2卷)[M]. 北京:人民出版社,1994.

[6] 邓小平文选(第3卷)[M]. 北京:人民出版社,1993.

[7] 习近平谈治国理政[M]. 北京:外文出版社,2014.

[8] 习近平谈治国理政(第2卷)[M]. 北京:外文出版社,2017.

[9] 中共中央宣传部. 毛泽东邓小平江泽民论思想政治工作[M]. 北京:学习出版社,1994.

[10] 中共中央文献研究室. 习近平关于实现中华民族伟大复兴的中国梦论述摘编[M]. 北京:中央文献出版社,2013.

[11] 习近平. 之江新语[M]. 杭州:浙江人民出版社,2007.

[12]中共中央宣传部编. 习近平总书记系列重要讲话读本[M]. 北京:人民出版社,2014.

[13]中共中央文献研究室. 十八大以来重要文献选编(下)[M]. 北京:中共中央文献出版社,2018.

[14] 张耀灿. 中国共产党思想政治教育史论[M]. 北京:高等教育出版社,2006.

[15] 张耀灿等. 现代思想政治教育学[M]. 北京:人民出版社,2006.

[16] 张耀灿. 思想政治教育学科建设研究[M]. 北京:中国人民大学出版社,2017.

[17]佘双好. 现代德育课程论[M]. 北京:中国社会科学出版社,2003.

[18] 张果. 当代学生意识形态安全教育研究[M]. 北京:人民出版社,2015.

[19]吴温暖. 高等学校国防教育[M]. 厦门:厦门大学出版社,2007.

[20]谢安邦. 高等教育学[M]. 北京:高等教育出版社,2002.

[21]陈万柏. 思想政治教育学原理[M]. 北京:高等教育出版社,2015.

[22]黄甫全. 课程与教学论[M]. 北京:高等教育出版社,2002.

[23]余仰涛. 思想政治工作学研究方法论[M]. 武汉:武汉大学出版社,2006.

[24]项久雨. 思想政治教育价值论[M]. 北京:中国社会科学出版社,2003.

[25]陈万柏,张耀灿. 思想政治教育原理[M]. 北京:人民

出版社,2007.

[26] 霍尔·戴维斯. 道德教育的理论与实践[M]. 杭州:浙江教育出版社,2003.

[27]李腊生. 高校思想政治理论课教学实效性研究[M]. 武汉:武汉大学出版社,2011.

[28]余文森. 有效教学的理论和模式[M]. 福州:福建教育出版社,2011.

[29]沈壮海. 思想政治教育有效性研究[M]. 武汉:武汉大学出版社,2008.

[30]艾四林. MOOC与高校思想政治理论课教育教学创新[M]. 北京:北京大学出版社,2014.

[31]郑永廷. 思想政治教育方法论[M]. 北京:高等教育出版社,1999.

[32]岳修峰. 普通高等学校"三全育人"研究[M]. 北京:社会科学文献出版社,2018.

[33]王学俭. 思想政治教育理论与实践问题的研究视角[M]. 北京:中国人民大学出版社,2017.

[34]徐浩,马斌. 时代的变换:互联网构建新世界[M]. 北京:机械工业出版社,2015.

[35]朱慕菊. 走进新课程:与课程实施者对话[M]. 北京:北京师范大学出版社,2002.

[36]陈玉琨. 慕课与翻转课堂导论[M]. 上海:华东师范大学出版社,2014.

[37]冯刚. 高校思想政治教育创新发展研究[M]. 北京:中国人民大学出版社,2009.

[38]陈志军. 社会主义核心价值体系融入大学生思想政治教育全过程研究[M]. 北京:光明日报出版社,2009.

[39]徐园媛,廖桂芳．大学生核心价值观教育接受机制构建[M]．成都:西南交通大学出版社,2011.

[40]李鹏．社会主义核心价值体系与高校思想政治教育改革研究[M]．南昌:江西人民出版社,2011.

[41] 黄明,谷晓琳．大型开放式网络课程 MOOC 概论[M]．北京:电子工业出版社,2015.

[42] 陶行知．陶行知文集[M]．南京:江苏教育出版社,2008.

[43] 谢树平．思想政治课教育教学及案例研究[M]．上海:三联书店,2014.

[44] 王义堂．新课程理念与教学策略[M]．北京:中国言实出版社,2003.

[45] 甘霖．高校实践育人研究[M]．北京:人民出版社,2015.

[46] 霍尔,戴维斯．道德教育的理论与实践[M]．杭州:浙江教育出版社,2003.

[47] 范兆雄．课程资源论[M]．北京:中国社会科学出版社,2000.

[48] 林崇德．发展心理学[M]．北京:人民教育出版社,2009.

[49] 张骥．中国文化安全与意识形态战略[M]．北京:人民出版社,2010.

[50] 郭景扬．课堂教学模式与教学策略[M]．上海:学林出版社,2009.

[51] 忻平,吴德勤．高校思想政治理论课改革发展研究[M]．上海:上海大学出版社,2015.

[52] 胡钟华．高校文化育人的研究与探索[M]．北京:光

明日报出版社,2018.

［53］马云志,杨宏伟,王学俭．正本清源——马克思主义原理研究［M］．北京:中国社会科学出版社,2013.

［54］顾海良．高校思想政治理论课程建设研究［M］．北京:中国人民大学出版社,2016.

［55］李林英,郭丽萍．新媒体环境下高校思想政治教育教学研究［M］．北京:人民出版社,2015.

［56］杨振斌,吴潜涛．思想政治教育新探索［M］．北京:中国社会科学出版社,2013.

［57］郭明飞．网络发展与我国意识形态安全［M］．北京:中国社会科学出版社,2009.

［58］王永贵等．马克思主义意识形态理论与当代中国实践研究［M］．北京:人民出版社,2013.

［59］衷克定．在线学习与发展［M］．北京:高等教育出版社,2010.

［60］张国良．传播学原理［M］．上海:复旦大学出版社,2004.

［61］［美］保罗·莱文森．新新媒介［M］．何道宽译,上海:复旦大学出版社,2011.

［62］［英］尼克·史蒂文森．媒介的转型:全球化、道德和伦理［M］．北京:北京大学出版社,2006.

［63］梅荣政,杨军．社会主义核心价值体系与社会思潮析评［M］．北京:中国社会科学出版社,2010.

［64］韩震．社会主义核心价值体系研究［M］．北京:人民出版社,2007.

［65］黄凯锋,唐志龙．建设社会主义核心价值体系［M］．上海:上海人民出版社,2007.

[66]陈新汉．社会主义核心价值体系价值论研究[M]．上海:上海人民出版社,2008.

[67] 郑承军．理想信念的引领与建构:当代大学生的社会主义核心价值观研究[M]．北京:清华大学出版社,2010.

[68]田海舰,邹卫．社会主义核心价值观论纲[M]．北京:人民出版社,2010.

[69]李建华．和谐社会之魂:社会主义核心价值体系[M]．长沙:湖南人民出版社,2007.

[70] 唐昆雄．马克思主义与社会主义核心价值体系研究[M]．北京:中国社会科学出版社,2009.

[71]王栋梁．大数据时代思想政治教育需要科学构建对象把握机制[J]．思想理论教育,2018(7).

[72]任军．高校混合式教学模式改革推进策略研究[J]．现代教育技术,2017(4).

[73]刘震,曹泽熙．"慕课"时代思想政治理论课的挑战和机遇[J]．思想政治教育导刊,2014(11).

[74]吴先超．"三全育人"视域下大学生心理健康教育模式创新研究[J]．学校党建与思想教育,2019(18).

[75]高歌,赵丽娜．构建"三全育人"新平台的实践探索[J]．学校党建与思想教育,2019(20).

[76]顾海良．高校思想政治理论课要坚持在改进中加强[J]．思想理论教育导刊,2017(1).

[77]王能东,曹飞．高校思想政治理论课教学方法改革创新的思考[J]．国家教育行政学院学报,2017(5).

[78]赵剑民．高校思想政治理论课团队自主学习模式探析[J]．思想理论教育导刊,2017(2).

[79]王艳平．高校"三全育人"的特征及其实施路径[J].

思想理论教育,2019 (9).

[80]石书臣. 主体间性视域下思想政治教育主客体关系的新形态及其建构[J]. 学校党建与思想教育,2017(5).

[81]柳礼泉,陈方芳. 党的十八大以来习近平青年教育思想论析[J]. 学习论坛,2016(7).

[82]周颖,陈星. 高校思想政治理论课在线精品课程建设应该"精"在哪里[J]. 思想理论教育导刊,2017(7).

[83]倪娜. 网络教学管理平台对高校思想政治理论课教学的影响[J]. 思想政治教育研究,2016(4).

[84] 金伟,王珍珍. 试论数据教学在思想政治理论课中的运用[J]. 思想理论教育导刊,2018(2).

[85] 王惠. 重构与困惑:混合式教学在高校思想政治理论课中的实施与评估[J]. 现代教育科学,2017(7).

[86] 王淑芹,李文博."思想政治教育"概念的廓清与释义[J]. 思想理论教育导刊,2018(8).

[87] 梁伟,马俊. 高校"三全育人"理念的内涵与实践[J]. 学校党建与思想教育,2020(4).

[88] 王冬云. 社会主义核心价值观:当代中国文化认同的核心[J]. 伦理学研究,2015(01).

[89] 吴潜涛. 积极培育和践行社会主义核心价值观的若干问题[J]. 思想理论教育导刊,2015(11).

[90] 高国希. 马克思人的自由全面发展理论与社会主义核心价值观[J]. 中州学刊,2017(06).

[91] 杨振闻. 实现社会主义核心价值观认同的难题与对策[J]. 青海社会科学,2015 (04) .

[92]沈壮海. 社会主义核心价值观培育和践行的着力点[J]. 思想政治工作研究,2012(12).

[93] 张宏亮．构建大学生社会主义核心价值观培育体系的理论思考[J]．思想政治教育研究，2017(04)．

[94] 徐瑞．论学生社团在社会主义核心价值观教育中的作用——基于隐性课堂的视角[J]．中国教育学刊，2014(06)．

[95] 周萍．社会主义核心价值观融入高校校园文化建设的新思考[J]．思想教育研究，2018(08)．

[96] 王习胜．“三全育人”合理性的逻辑诠释[J]．思想理论教育，2019(03)．

[97] 罗生全．社会主义核心价值观融入学校教育的机制创新[J]．教育科学研究，2017(03)．

[98] 窦莞，樊卫宾．社会主义核心价值观融入教学的路径选择[J]．思想政治课教学，2017(11)．

[99] 杨茂庆，陈玺．社会主义核心价值观融入学校教育的逻辑进路[J]．中国特殊教育，2019(06)．

[100] 翁铁慧．培育和践行社会主义核心价值观的重点任务和关键抓手[J]．思想教育研究，2018(08)．

[101] 李一楠．以红色社会实践活动推进大学生社会主义核心价值观教育的理性审视[J]．思想理论教育导刊，2019(02)．

[102] 杜时忠，曹树真．社会主义核心价值观“进教材”的教育教学探索[J]．教育研究，2015(09)．

[103] 李少斐．社会主义核心价值体系引领社会思潮的几个关键点[J]．理论与现代化，2016(02)．

[104] 赵笑蕾．论社会主义核心价值观产生的理论、历史和现实逻辑[J]．求实，2017(06)．

[105] 刘刚，胡树祥．微信新媒介对大学生思想行为双重影响的实证研究[J]．思想教育研究，2017(05)．

[106]李涛. 网络直播传媒对当代大学生价值观的影响原因与对策探析[J]. 思想理论教育导刊,2018(05).

[107]肖贵清,武传鹏. 社会主义核心价值观融入高校思想政治理论课的重要意义及其路径[J]思想教育研究,2017(03).

[108]刘兴华. 社会主义核心价值观生成机理与培育机制探究[J]. 思想政治教育研究,2016(06).

[109]左鹏. 用核心价值观引领高校社会思潮关键环节[J]. 中国高等教育,2015(05).

[110]王贤卿,杨晓娟. 以社会主义核心价值观引领二次元文化的融合发展[J]. 思想理论教育,2018(05).

[111]李田伟,王海云. 大学生社会主义核心价值观的心理认同培育探讨[J]. 西南林业大学学报(社会科学),2018(03).

[112] 何彦新,古帅. 基于文化认同的大学生社会主义核心价值观培育[J]. 思想理论教育导刊,2017(07).

[113] 张明平. 微文化背景下大学生社会主义核心价值观认同教育的困境及对策[J]. 黑龙江高教研究,2017(09).

[114]朱景林. 红色文化物质载体培育社会主义贺新年价值观的展示应用研究[J]. 思想理论教育导刊,2017(05).

[115] 闫长丽. 历史文化资源融入大学生社会主义核心价值观教育探析[J]. 思想理论教育导刊,2016(10).

[116] 李月云,杨文艺,张彪. 论区域文化对培育社会主义核心价值观的功能[J]. 江淮论坛,2015(01).

[117]查方勇. 深化大学生社会主义核心价值观认同论析[J]. 思想理论教育导刊,2018(8).

[118] 黄建军. 巩固社会主义核心价值观认同的道德基础

[J]. 社会主义核心价值观研究,2019(1) .

[119] 何小春. 论核心价值观转化为大学生情感认同和行为习惯的实现路径[J]. 内蒙古师范大学学报(教育科学版),2018(11).

[120] 张露颖. 青少年社会主义贺新年价值观情感认同机制研究[J]. 教育教学论坛,2017(20).

[121] 廖志诚. 论社会主义贺新年价值观文化认同价值的建构逻辑[J]. 探索,2015(02).

[122]何美子. 大学生社会主义核心价值观的立体化教学体系构建[J]. 继续教育研究,2015(04).

[123] 王英杰,张朝彬,张舵. 文化自信与社会主义核心价值观认同机制构建[J]. 重庆社会科学,2019(05).

[124]何美子,洪晓楠. 大学生社会主义核心价值观认同实证研究[J]. 思想理论教育导刊,2020(01).

[125] 王萍. 马克思主义人学视域下社会主义核心价值观主体认同机制阐述[J]. 山东青年政治学院学报,2019(05).

[126] 张宗峰,焦娅敏. 社会主义核心价值观培育的文化认同机制探究[J]. 思想理论教育,2017(01).

[127]洪晓楠. 当代大学生社会主义核心价值观的培育研究[J] . 高校辅导员学刊,2015(4).

[128] 洪晓楠,何美子. 中国特色社会主义核心价值观内涵阐释[J]. 高校辅导员学刊,2013(01).

[129] 洪晓楠. 如何看待西方所谓的“普世价值”[J]. 大连理工大学学报(社会科学版), 2017(4).

[130]汤菊平.“马克思主义基本原理”课教学培育大学生社会主义核心价值观的思考[J]. 湖南工程学院学报(社会科学版). 2015(4) .

[131]汤菊平,吴朝建. 高校培育社会主义核心价值观实现路径研究与实践[J]. 长江丛刊. 2018(10).

[132]许苏丹,汤菊平. 慕课背景下高校思想政治理论课教学重构[J]. 当代教育理论与实践. 2017(1).

[133]汤菊平. 构建立体模式,增强大学生社会主义核心价值观教育实效性研究[J]. 改革与开放. 2012(22).

[134]汤菊平. 让党旗在防控疫情斗争第一线高高飘扬[N]. 光明日报(理论版),2020－02－13.

[135] 汤菊平. 以党史学习教育开创青年社会主义核心价值观培育新境界[EB/OL]. 光明网(理论频道), 2021－06－08.

[136]汤菊平. 学习总书记回信精神,勇做走在时代前列的奋斗者、开拓者[EB/OL]. 光明网(理论频道),2020－07－14.

[137] 汤菊平. 做新时代青年成长成才的引路人[EB/OL]. 光明网(理论频道),2019－04－04.

[138]李纪岩. 当代大学生社会主义核心价值观培育研究[D]. 山东师范大学博士学位论文,2010.

[139]王芳. 当代中国社会主义核心价值体系建设研究[D]. 中共中央党校博士学位论文,2014.

[140]邱国勇. 社会主义核心价值观教育研究[D]. 武汉大学博士学位论文,2013.

[141]郭朝辉. 大学生社会主义核心价值观的培育和践行研究[D]. 中国矿业大学博士学位论文,2015.

[142] 蔡后奇. 哲学视域下的"文化自觉"思想研究[D]. 大连理工大学博士学位论文,2017.

[143]王丽丽. 社会主义核心价值体系与大学生核心价值

观构建研究[D]. 东北师范大学博士学位论文,2013.

[144] 徐园媛. 大学生社会主义核心价值观教育"四位一体"课程实施路径研究[D]. 西南大学博士学位论文,2017.

[145]张振兴. 新媒体境遇下大学生社会主义核心价值观教育研究[D]. 华中师范大学博士学位论文,2017.

[146]詹丽萍. 社会主义核心价值体系与社会主义核心价值观引领大学生思想道德建设研究[D]. 东北师范大学博士学位论文,2016.

图书在版编目（CIP）数据

新时代大学生社会主义核心价值观认同教育研究 / 汤菊平著. -- 湘潭 : 湘潭大学出版社, 2022.8
ISBN 978-7-5687-0846-3

Ⅰ. ①新… Ⅱ. ①汤… Ⅲ. ①大学生—社会主义核心价值观—研究—中国 Ⅳ. ①G641

中国版本图书馆 CIP 数据核字（2022）第 157019 号

新时代大学生社会主义核心价值观认同教育研究

XIN SHIDAI DAXUESHENG SHEHUI ZHUYI HEXIN JIAZHIGUAN RENTONG JIAOYU YANJIU

汤菊平 著

责任编辑：王正杰
封面设计：李　平
出版发行：湘潭大学出版社
社　　址：湖南省湘潭大学工程训练大楼
电　　话：0731-58298960 0731-58298966（传真）
邮　　编：411105
网　　址：http://press.xtu.edu.cn/
印　　刷：长沙创峰印务有限公司
经　　销：湖南省新华书店
开　　本：880 mm×1230 mm 1/32
印　　张：7.5
字　　数：189 千字
版　　次：2022 年 8 月第 1 版
印　　次：2022 年 8 月第 1 次印刷
书　　号：ISBN 978-7-5687-0846-3
定　　价：48.00 元